GAIAMANCIA

GAIAMANCIA

A Criação de Ambientes Harmoniosos

Maureen L. Belle

Tradução
ADAIL UBIRAJARA SOBRAL
MARIA STELA GONÇALVES

EDITORA PENSAMENTO
São Paulo

Título do original: *Gaiamancy: Creating Harmonious Environments.*

Copyright © 1999 Maureen L. Belle.

Todos os direitos reservados. Nenhuma parte deste livro pode ser reproduzida ou usada de qualquer forma ou por qualquer meio, eletrônico ou mecânico, inclusive fotocópias, gravações ou sistema de armazenamento em banco de dados, sem permissão por escrito, exceto nos casos de trechos curtos citados em resenhas críticas ou artigos de revistas.

O primeiro número à esquerda indica a edição, ou reedição, desta obra. A primeira dezena à direita indica o ano em que esta edição, ou reedição, foi publicada.

Edição	Ano
1-2-3-4-5-6-7-8-9-10	03-04-05-06-07-08-09-10

Direitos de tradução para a língua portuguesa
adquiridos com exclusividade pela
EDITORA PENSAMENTO-CULTRIX LTDA.
Rua Dr. Mário Vicente, 368 — 04270-000 — São Paulo, SP
Fone: 272-1399 — Fax: 272-4770
E-mail: pensamento@cultrix.com.br
http://www.pensamento-cultrix.com.br
que se reserva a propriedade literária desta tradução.

Impresso em nossas oficinas gráficas.

Agradecimentos especiais:

A Elana, pela sintonia fina e pelo dom de narradora que usou nesta edição;
A Ellen, por mergulhar no livro e levá-lo à sua elegante forma final, bem como
por todo o apoio dado altas horas da noite quando eu acreditava não poder mais continuar;
A Shaun Edward, pelo seu espírito e sua inspiração prodigiosos;
A Denise Linn, por sua amizade, sua fé, seu apoio e sua atuação como mentora, bem como por sua integridade inegociável;
A Irmã Christine, "Cecil", pelo seu apoio amoroso e sua orientação;
A todos os membros da minha família e a todos os amigos que me ajudaram a levar a cabo este livro.

Agradeço também a Trish por aquele livro de feng shui;
aos mestres, em corpo e em espírito, que me transmitiram tão amorosamente as suas verdades e me ajudaram a despertar para a minha;
e a todos os escritores, xamãs e agentes de cura, antigos e contemporâneos, que transmitiram o conhecimento necessário para trazer Gaiamancia à vida.
A todos os outros seres que contribuíram para esse caminho: saibam que são honrados e que estão inscritos aqui em Espírito.

Este livro é dedicado a
"La Dottie" —
pela sua inabalável fé em mim
e pelo espírito de aventura que transmitiu
no seu estilo inimitável

SUMÁRIO

Introdução 13

Parte Um: A Energética de Gaiamancia
   1. A Busca do Espaço Sagrado 23
   2. O Uso de Rodas como Revestimentos.................................... 28
   3. A Roda Chinesa Ba-guá 39
   4. A Roda de Cura Americana Nativa 54
   5. A Roda Celta 66

Parte Dois: Descrição
   6. Como se Relacionar com os Elementos................................. 85
   7. Como Entrar em Sintonia com a Posição do Terreno 99
   8. A Organização de um Recipiente de Utilidades.................... 107

Parte Três: Aplicar a Sabedoria Antiga a um Mundo Moderno
   9. Um Ambiente Doméstico ou de Trabalho Mais Saudável...... 131
  10. Gaiamancia para a Área Circundante [Quintal] e o Jardim ... 145

Apêndice A: Guia de Pronúncia 151
Apêndice B: Glossário 153
Recursos 156

ÍNDICE DE ILUSTRAÇÕES

Capítulo 2
2-1	O revestimento da roda chinesa ba-guá	30
2-2	Treze luas nas costas da tartaruga	31
2-3	O revestimento da roda de cura americana nativa	34
2-4	A espiral do DNA humano	34
2-5	Revestimento da roda celta	36
2-6	Espiral simples	36
2-7	Espiral dupla	36
2-8	Labirinto tradicional	36
2-9	Caldeirão	36
2-10	Esticar uma roda	37

Capítulo 3
3-1	Roda chinesa ba-guá	40
3-2	Planta com revestimento da roda ba-guá	44
3-3	Planta baixa com revestimento da roda ba-guá	45

Capítulo 4
4-1	Roda de cura americana nativa	57
4-2	Planta de casa com roda de cura americana nativa	59
4-3	Planta do primeiro andar com revestimento da roda de cura	60

4-4   Planta do segundo andar com revestimento da roda
      de cura 61

Capítulo 5
5-1   Roda celta 69
5-2   Planta (de apartamento) com revestimento de roda celta . 76
5-3   Planta baixa com revestimento de roda celta 76
5-4   Símbolo celta de proteção 77

Capítulo 7
7-1   Ilha Whidbey como dragão 100
7-2   Casa com linha de energia com direção alterada 105

Capítulo 10
10-1 Planta de área circundante com revestimento da roda
      de cura 146

INTRODUÇÃO

Quando segue a sua bênção, e por bênção designo o sentido profundo de estar em sua própria existência e de fazer aquilo que ela o impele a fazer — você segue isso e se abrem portas onde você não teria pensado que houvesse portas. E onde não haverá uma porta para mais ninguém.

— JOSEPH CAMPBELL

Na qualidade de conselheira de ambientes, ofereço materiais e acabamentos relativamente isentos de toxinas a clientes que estão construindo ou reformando. A minha meta é garantir que o seu ambiente residencial e profissional tenha a segurança que sou capaz de proporcionar. Mas não basta que as edificações sejam "seguras". Sem graça, harmonia e equilíbrio, mesmo os ambientes mais arrojados se mostram deficientes — um fato da vida que aprendi de dentro para fora.

Comecei a trabalhar no empreendimento imobiliário do meu pai quando tinha doze anos de idade. Aí vim a conhecer os parâmetros das vigas, das paredes de tijolos de concreto e das estruturas de madeira, tendo me tornado instintivamente conhecedora dos núcleos interiores das edificações. Na realidade, eu conhecia intimamente a construção residencial, comercial e industrial antes mesmo de poder fazer uma equação algébrica. Aos vinte anos, eu tinha ajudado a projetar uma área habitacional, tendo especificado os materiais e criado "subetapas" de construção. Comecei então a ganhar a vida construindo, bem como reformando, imóveis! Em pouco tempo, percebi que dispunha do conhecimento necessário para dar conta de todo tipo de projetos de construção, mas ainda não descobrira o quanto não sabia.

Aos 29 anos, decidi construir uma casa desde o início. Contratei um carpinteiro e, juntos, iniciamos o laborioso processo de limpar o terreno e assentar os alicerces — procedimento que recomendo a arquitetos, engenheiros e projetistas. Na época, eu criava um filho sozinha, dirigia uma galeria/loja de linhas e de presentes numa casa antiga que reformara, enquanto freqüentava à noite aulas de tecelagem e de fiação. Ora, pensei, o que é mais um projeto quando se tem vinte e poucos anos?

Para vedar as vigas expostas no interior da casa, usamos um produto muito tóxico, hoje proibido nos Estados Unidos; hoje também sei quais os materiais de construção, adesivos e acabamentos-padrão extremamente tóxicos. Confiei em produtos de fabricantes que pareciam visar principalmente meu melhor interesse. Mas a exposição foi excessiva para o meu sistema imunológico; contraí pneumonia de origem química e logo comecei a sofrer de fadiga crônica. Só mais tarde percebi o quanto o meu sistema imunológico já estava comprometido. A dedicação ao papel de "uma boa trabalhadora" quase se tornara o epitáfio do meu túmulo!

Pouco depois de eu passar a ter fadiga crônica, minhas opções ficaram claras: ou eu escolhia um caminho espiritual ou morria. Claro que eu ainda acreditava numa vida produtiva e no trabalho como expressão de criatividade, mas não a ponto de sacrificar o meu bem-estar físico, emocional e mental. Mesmo assim acabei por ser forçada a fechar o meu negócio bem-sucedido, visto que estive à beira da morte mais de uma vez. A boa notícia é que a doença me impeliu vigorosamente a um ponto de decisão na minha vida e na minha carreira.

Com o corpo adoecido, aprendi a ser forte e espiritualmente concentrada. Continuei a praticar yoga, pois já era aluna de yoga havia muito tempo. Também aprendi a arte marcial Tae Kwon Do com um mestre vietnamita, bem como Tai Chi e dança — o que despertou em mim uma força física a que eu podia recorrer. Ao sentir a força do ch'i percorrer o meu corpo, procurei então ampliar os seus efeitos.

Lembro-me de escutar e observar tudo o que me circundava. Ouvi a voz do espírito do vento; as cores tornavam-se brilhantes quase que de modo ofuscante; cheguei a ver a alma das pessoas reluzindo ao redor do corpo. Na verdade, voltei a uma sabedoria que tinha na infância, quando falava com os animais, com as árvores, com as pedras e com as fadas. Logo tive uma enxurrada dessas mesmas primeiras conversas, o que me fez passar a falar com tudo o que via pela frente. Descobri que os meus amigos imaginários da infância são reais, bem como o anjo da guarda que costumava sentar-se na minha cama e me confortar, dizendo-me que tudo ia ficar bem. E nas minhas meditações encontrei um profundo e constante amor do Espírito.

Além dessas práticas, eu também tirava força de um período anterior durante o qual trabalhara num rancho e cuidara de animais. Enquanto estava no mato coletando plantas para fazer tinta de tingir tecidos e plantas medicinais para a cura de doenças, aprendi a escutar os espíritos vegetais. Meus vizinhos não-humanos logo ficaram tão meus conhecidos quanto a família e os amigos. Eu podia sentir as árvores falando de sua propensão a proporcionar abrigo e calor com seus "ossos" e ouvir a alegria que tinham por fazê-lo para nós, desde que não abusássemos da sua oferta.

Assim, o ponto decisivo na minha vida, no qual me aproximei da morte, abriu as portas a novos mundos. Eu estava descobrindo outra maneira de ser — e, com ela, outra forma de perceber. Dei-me conta de que caminhamos sobre os ossos dos ancestrais e partilhamos esse planeta com muitos amigos delicados dos reinos da natureza que nos oferecem dádivas diariamente. E me apercebi também de que a nossa tarefa é apenas nutrir e promover essas entidades e aprender com elas, e então seguir em frente. No curso do cumprimento desses requisitos de trabalho, perdemos o sentido de posse e passamos à parceria com os nossos negócios, a nossa casa e o nosso pedaço de terra, tornando-nos antes seus guardiães do que seus proprietários.

Foi durante os anos da minha recuperação e concomitante estudo universitário que a harmonia e o equilíbrio do ambiente se tornaram para mim tão importantes quanto a segurança ambiental. Foi na mesma época que a Gaiamancia começou a tomar forma na minha mente como uma abordagem do tratamento do terreno e do projeto de construção que apóia a vida. Derivado da palavra Gaia, que significa "espírito e corpo da terra viva", e do sufixo -mancia, definido como "derivar conhecimento de", o termo Gaiamancia significa "derivar conhecimento do espírito e do corpo da terra viva". Quando me perguntam qual a diferença entre essa noção e a de geomancia, respondo que a Gaiamancia, que tem suas raízes fincadas em Gaia, vê a terra como um ente senciente dotado de alma, enquanto o prefixo geo- se refere à terra enquanto composto de elementos, tal como pensada de modo geral em obras de geologia ou de geometria.

Gaiamancia não só recorre às ciências sagradas da terra como assiste a eliminação de séculos de confusão semântica. Ela além disso abrange uma variedade de práticas divinatórias assentadas nas disciplinas com as quais tenho mais familiaridade — feng shui, a arte chinesa da organização de objetos, aplicações americanas nativas, celtas e havaianas, bem como vastu shastra, o sistema védico de arquitetura sagrada. Inclui-se nesse holograma uma abordagem moderna da segurança ambiental.

A evolução da Gaiamancia é curiosa. Semeada pelas minhas experiências infantis com mestres celtas e americanos nativos, veio à existência depois dos meus estudos da arte taoísta chinesa, de 5.000 anos de idade, do feng shui, que aborda o movimento da energia no mundo natural. No meu trabalho com projetos arquitetônicos, os princípios do feng shui vieram a ser representados no ba-guá chinês, uma modalidade de adivinhação baseada em nossa ligação com todas as coisas, animadas e inanimadas. A moderna física quântica descreve essa interrelação mediante os espaços intersticiais entre os "quarks", que formam a fonte da vida. Desse modo, a física ocidental contemporânea, da mesma maneira que o taoísmo oriental antigo, reconhece que do "vazio" prenhe vem o tecido da vida, que há uma dança constante de dependência entre matéria e espírito e que somos todos parte uns dos outros e de tudo o que nos circunda.

Com o passar do tempo, a Gaiamancia se ampliou, incorporando as perspectivas celtas e americana nativa pertinente à minha ancestralidade. Essas influências foram integradas à Gaiamancia por duas razões. Em primeiro lugar, porque alguns dos meus clientes não conseguiam identificar-se com o ba-guá e eu desejava desenvolver modelos que funcionassem para eles. Além disso, derivar conhecimento dessas formas revivificava a minha ligação com os meus ancestrais.

Senti uma afinidade imediata com o agir celta porque a maior parte dos membros da família da minha mãe é de origem irlandesa. Cresci acalentada pelas histórias que a minha avó materna contava sobre a jornada dos seus pais da Irlanda para Montana. Uma vez estabelecidos, eles promoveram a vinda de membros de outras famílias, proporcionando-lhes provisões, roupas e alimentação em sua grande casa até que os recém-chegados encontrassem trabalho e se mudassem para suas próprias casas. Ouvi inúmeros relatos de sofrimentos resultantes da fome decorrente da inexistência de batatas e de luto pela partida de sua amada perda. Deve haver um ou dois druidas na minha linhagem, considerando-se o quanto sou "fey"[1] desde a infância.

Os membros da família do meu pai tinham as mais diversas origens combinadas. Sua mãe, espanhola-apache-cherokee, era uma curandeira, uma habilidosa agente de cura que conhecia o poder medicinal das ervas. Tendo perdido o pai em tenra idade, ela passara a ajudar a sustentar a família com base em seu conhecimento de remédios herbais. Meu avô paterno era de Turim, no norte da Itália. Deixou o lar quando adolescente a fim de explorar o mundo, desafiando a imersão familiar na engenharia e na mecânica. Pouco depois de chegar ao sudoeste dos Estados Unidos, conheceu a minha avó. O dom que recebi desse amado explorador pode ter sido uma enorme vontade de viajar infundida de amor pela aventura.

Na verdade, a partir do momento em que a minha saúde começou a melhorar, dediquei-me à minha própria busca. Freqüentei aulas de arquitetura em Roma — como parte de um curso profissional de graduação que

---

[1] Ver Glossário (N. do T.)

fazia em arquitetura de interiores na escola de arquitetura da University of Oregon —, tendo passado temporadas na Inglaterra, na Bélgica, na Áustria, na Suíça, na França, na Alemanha, na Grécia, na Iugoslávia e no Havaí. Visitei a América Central, a América do Sul e as Bahamas a fim de pesquisar a comunicação interespécies envolvendo baleias e golfinhos. Por onde quer que passasse, atraíam-me os povos indígenas, o que me deixava ávida por adquirir a sua sabedoria honrada pelo tempo, bem como por integrá-la à minha prática da Gaiamancia. Enquanto percorria suas terras, passei a honrar os antigos que conceberam as formas sagradas e as mantiveram seguras até a nossa época.

Quanto mais viajava, mais me convencia de que a terra é não somente uma esfera de elementos minerais, vegetais e animais como também um ser vivo dotado de respiração! Qualquer que fosse o continente em que estava, eu ouvia murmúrios de uma antiga história: há muito tempo, quando os seres humanos vieram para este planeta, prometemos a Gaia, assim como ao seu povo rochoso e mineral, ao seu povo verde, ao seu povo de quatro patas e a todos os outros, que não lhes faríamos mal, que os respeitaríamos e amaríamos e com eles aprenderíamos. A Gaiamancia foi portanto concebida não apenas como um caminho de cura, de equilíbrio e de harmonia mas como uma maneira de recordar a nossa promessa.

Lembrar esse voto, feito há milhares de anos — muito antes de a humanidade cair em seu sono profundo — é simplesmente uma questão de penetrar na terra, de adentrar Gaia. O conhecimento da nossa ligação com ela, ainda que esquecido, não se perdeu, nem requer a atividade divinatória de um sumo sacerdote ou de uma suma sacerdotisa. Como digo aos meus clientes: "Estou aqui para aprimorar a sua intenção. Eu faço a mediação; você interage com o seu ambiente." Do mesmo modo, não se precisa inventar um campo específico de estudo para ter acesso à sabedoria da terra. Com grande sacrifício, anciãos abençoados conservaram para nós esse saber, a fim de torná-lo disponível quando a hora chegasse; e, de acordo com a história que ouvi aos sussurros no mundo inteiro, a hora é precisamente agora. Podemos ao menos aprender com os outros segredos outrora sagrados. Tendo-o feito, podemos adicionar as nossas próprias introvisões e transmitir a dádiva, estendendo pelo mundo uma fita de luz conectando uma pessoa com outra e com outras ainda.

A maioria do povo desse continente da Ilha da Tartaruga, como é conhecida a América do Norte em muitas tradições sagradas, tem uma rica e variada linhagem; somos o "povo do arco-íris". Nessa condição, podemos recorrer à sabedoria que se espalha pelos continentes, e é precisamente isso que este livro se empenha em fazer, ao mesmo tempo em que apresenta o conhecimento de maneira simplificada a fim de manter intacta a sua sacralidade. Fazer menos do que isso seria desonrar aqueles que o conservaram para nós no curso dos milênios.

O propósito de Gaiamancia é tríplice: mostrar a vocês de que forma trabalho com os princípios da sabedoria tradicional da terra; ajudá-los a aplicar esses princípios em sua casa ou em seu ambiente de trabalho; e convidá-los a contribuir para esse corpo cumulativo de conhecimento vivo mediante o acesso às lembranças inspiradas pela terra que pulsam no próprio ser de vocês. Para aproveitar ao máximo este manual, vinculem as interpretações do fluxo de energia com o próprio ambiente em que vivem, apliquem as soluções que lhes pareçam mais atraentes e incorporem à vida cotidiana as oito "práticas" distribuídas pelos capítulos. A fim de dar mais assistência, foram incluídos um guia de pronúncia, um glossário de termos e uma relação de livros e outros recursos, produtos, escolas, seminários e institutos de treinamento selecionados no final do livro.

Vocês estão participando de uma gloriosa dança com Gaia. Assim, ponham suas sapatilhas e preparem-se para percorrer a luz fantástica ao mesmo tempo em que refazem o ambiente imediato para harmonizá-lo com o mundo vivo e amoroso que os circunda!

PARTE UM

A Energética de Gaiamancia

CAPÍTULO UM

A Busca do Espaço Sagrado

O nosso medo mais profundo não é o de não estarmos à altura das situações. O nosso mais profundo medo é de termos um poder sem medidas. É a nossa luz, em vez da nossa treva, que mais nos atemoriza. Perguntamos a nós mesmos: quem sou eu para ser brilhante, magnífico, talentoso, fabuloso? Na verdade, quem é você para não o ser? Você é um filho de Deus. Seu agir de maneira não-grandiosa não serve ao mundo... Quando deixamos que brilhe a nossa luz, damos inconscientemente aos outros a permissão para fazer o mesmo. Quando nos libertamos do nosso próprio medo, a nossa presença liberta de forma automática os outros.

— NELSON MANDELA

Somos seres belos e poderosos que têm justo sob os pés um amigo carinhoso e solidário. A fim de voltar ao centro da nossa vida, temos de reconhecer o caráter sagrado do solo em que pisamos. Com esse retorno vêm a harmonia, o equilíbrio e a vitalidade.

A separação entre matéria e espírito é inexistente; matéria e espírito são uma só e mesma coisa. A nossa percepção dessa separação é uma ilusão, um distúrbio de saúde. Nós, membros da cultura ocidental, tendemos a crer que para ter harmonia espiritual é preciso deixar a terra, de modo físico ou por meio da oração ou da meditação. Que males causamos à nossa terra por ficar apegados a essa ideologia! Em nosso estado de sempre querer e nunca ter, bem como de viver nos subseqüentes medo e frustração, criamos as condições para a vasta destruição do planeta, decorrência da ambição e da dominação. O que é do espírito pertence à terra e o que é da terra pertence ao espírito. O que muitas vezes não é do espírito são as ações da humanidade.

A mensagem de que Gaia está viva e não vai bem não é transmitida com o único fim de provocar sentimentos de culpa, mas principalmente para acentuar o fato de que em última análise estamos todos unidos com a terra e uns com os outros. A essência dessa verdade simples advém da nossa labuta com o conflito e a mudança, labuta que constitui uma enorme parcela da nossa vida neste planeta. Durante anos a minha experiência de vida se viu matizada pela dor, pela frustração, pela negação e pela separação. Tal como o vocábulo chinês *konji* que designa tanto crise como oportunidade, a minha situação era tudo, menos "mau karma" ou má sorte; em vez disso, ela me guiava para um modo de ser pleno e rico que me pertencia por direito de nascimento. Comecei de súbito a reconhecer o sagrado na minha vida por assim dizer mundana, cotidiana. Em decorrência disso, passei a compreender a interligação de tudo — também conhecida como o Tao que está na base da vida diária, ou como o *soyal*, a fusão, de acordo com os Hopi, que vêm conservando esse saber para nós há centenas de anos.

Aprendemos essa interligação com Gaia. Numa seqüência de *slides* que costumo apresentar, faço que o público olhe topos de árvores e o céu além com o fito de recuperar a busca humana costumeira do sagrado. Recordo-os então de que "os céus" não são o único lugar e a única morada do sagrado, que este também habita a terra — em cada um de nós e em todos nós, sejam humanos ou não, bem como em nossas interações. Explico em seguida que quando conseguirmos reconhecer a santidade de todos os aspectos da nossa vida, incluindo os nossos hábitos atualmente inconscientes, estaremos vivendo nesse estado profundo de conexão.

Do escovar os dentes ao vestir o corpo, do café da manhã à leitura antes de dormir, as nossas ações vão então exprimir o nosso sentido do sagrado, dado que serão iniciadas a partir da nossa intenção. Hábitos que se tornam conscientes por meio da intenção se tornam rituais, e o ritual tem vida própria: ele nos entrelaça com os ritmos da terra. Logo, reconhecer que os nossos atos "cotidianos" são sagrados é um passo fundamental que temos de dar na busca da promoção do equilíbrio da nossa vida.

Pensemos no trabalho doméstico, por exemplo. Gosto muito de ficar "perambulando" pela casa, aguando as plantas, tirando a poeira, organizando e limpando as coisas, aspirando o pó. Esses pequenos e humildes atos, quando realizados sem pressa, se tornam uma dança ritual que faz nascer uma calorosa e íntima interação com o mundo que me cerca. Chamo isso de um jeito "zumbidor" de ser.

Alguns dos meus amigos me acham louca por gostar de cuidar da casa, mas eles têm seus próprios rituais "zumbidores", como o é a jardinagem, especialmente cavar o solo enquanto observam, cheiram e escutam as plantas crescendo na terra. Quer você esteja limpando a casa ou plantando milho, criando uma obra de arte, penteando os cabelos do seu filho, andando na praia ou apanhando pedras e penas, o processo é o mesmo.

Lembro-me do interlúdio de vários anos em que não me permite "perambular". Que época cheia de ocupações, de estresse, de aridez! Quando finalmente escapei à "roda de hamster" da produtividade, o zumbir voltou.

Muitos de nós estão redescobrindo o "lar" neste belo planeta e, no processo, descobrindo que todo o planeta é o lar. Durante séculos, os seres humanos de todo o mundo aprenderam que o lar é o "céu", o "pós-vida", no qual ficariam em paz e felizes consigo mesmos e com as outras pessoas. Uma crença com maior capacidade de criar interligação é a de que estamos em casa aqui na terra. Quando aprendemos a equiparar o lar com o macrocosmo do planeta e com o microcosmo do nosso corpo, aflora um sentido de harmonia sem nenhuma luta e com um esforço surpreendentemente pequeno. Nesse ponto, recordamo-nos de que estamos no espírito e fora do ego, na totalidade e fora de dicotomias "ou ... ou".

Joseph Campbell, o famoso mitólogo, disse certa vez às suas classes na Sarah Lawrence College: Se quiserem ajudar as pessoas, ensine-as a viver aqui no planeta, neste mundo. O filósofo da Roma Antiga Ovídio escreveu sobre uma época em que todas as pessoas viviam em harmonia umas com as outras e com a natureza. Platão mencionou a Idade de Crono, na qual os seres humanos gozavam de abundância em harmonia com os espíritos da terra. Essa parte da nossa herança, há tanto tempo esquecida, está sendo agora "desenterrada".

Encontramo-nos num processo de transformação da consciência humana num estado de ser que busca a cooperação em vez da competição, que celebra a diversidade e reconhece a interligação de tudo. O antigo paradigma funcionava com base na separação, nas fronteiras, na propriedade, no eu-contra-você, no nós-contra-eles. O novo paradigma tem natureza completamente distinta, e não é simplesmente a face oposta do antigo; estamos aprendendo a estar em sincronia com os ritmos dos outros, incluindo os do planeta, pois agora sabemos que somos filhos da terra e de que os ritmos desta são também nossos.

Ao lado dessas transformações, estamos aprendendo a criar ambientes que reflitam as mudanças sazonais, que estejam em sincronia com a sagrada respiração da terra — lugares ao mesmo tempo estimulantes, doadores de força, e pacíficos. A simples compreensão do fato da nossa contínua ligação com o ambiente no nível celular nos torna revigorados e apoiados por esse ambiente, tal como ele o é por nós. Principiamos a vislumbrar as centenas de sutis interações que ocorrem a todo momento, fenômeno que pode ser vivenciado por meio da prática número 1, da página 27. O próximo passo é de assegurar de que os ambientes que criamos têm equilíbrio suficiente para nos proporcionar o apoio e a energia doadora de vida de que precisamos para não só sobreviver como florescer.

PRÁTICA 1

Enviar as Raízes para a Terra

A fim de vivenciar a ligação que você tem com Gaia, tente enviar a sua consciência para a terra, um exercício que aprendi com uma curandeira, agente de cura e grande amiga do norte da Califórnia. O propósito dessa prática é ir além da estrutura material da edificação em que se está e conectar-se com a parcela da terra que a sustenta.

- Sente-se confortavelmente numa cadeira ou num piso atapetado, de preferência com os pés descalços em contato com o chão. Feche os olhos e respire pausadamente, fazendo sete ciclos completos de respiração plena e profunda.

- Quando se sentir relaxado, visualize fitas de luz estendendo-se das solas dos seus pés para a terra embaixo. Imagine as fitas passando como raízes de uma árvore pelo tapete, pela madeira e pelo concreto, mergulhando no solo e, passando pelas rochas, pela água e pelo fogo, rumando para o centro da terra.

- Enquanto as fitas se aproximam do núcleo sólido da terra, descubra um lugar no qual prendê-las. Amarre-as com firmeza, porém suavemente, formando arcos se você quiser. Então, siga lentamente as fitas voltando à superfície, dedicando tempo para ver, sentir, ouvir, provar e tocar a terra enquanto a percorre. Enquanto vem com as fitas até a camada mais exterior da terra, você está usando centenas de sentidos ainda não definidos. Dê importância a eles e logo você sentirá o calor e o amor infinito que Gaia reserva para você.

CAPÍTULO DOIS

O Uso de Rodas como Revestimentos

Não é porque as coisas são difíceis que não nos atrevemos; é porque não nos atrevemos que as coisas são difíceis.

— SÊNECA

Cada uma das modalidades de expressão de Gaia pode ser apresentada graficamente na forma de uma roda, ou círculo. Também é possível organizar essas informações na forma de um quadrado, mas nesse caso não será transmitido um sentido tão forte de continuidade ou de integração. Da mesma maneira como a circularidade da roda é usada para registrar informações astrológicas e para criar mandalas de cura, assim também podemos usá-la para representar influências geomânticas e para projetar de acordo com essas influências espaços vivos sagrados.

Quando se trata de interpretar as forças que afetam o ambiente, a roda é um artefato profundo. Ela desmistifica imediatamente princípios de difícil articulação e esclarece interações que desafiam a lógica. Só depois de anos me empenhando em conceber uma linguagem para a Gaiamancia cheguei a essa descoberta. Logo depois de adotar a roda como formato, deliciei-me ao descobrir que ela serve tanto à mente linear como ao espírito penetrante. Sabendo que o feng shui tem a sua própria roda, conhecido como ba-guá, comecei a construir uma roda para cada uma das outras práticas sagradas que estudara.

Desenhando qualquer dessas rodas num pedaço de papel de desenho, descobri que podia colocá-las sobre a planta de um lote ou de uma edificação desenhada em escala, ou de um bairro, uma cidade ou um Estado. Usando a roda como revestimento, pude interpretar o movimento da energia por todo tipo de lugares. Quanto mais trabalhava com rodas, tanto mais sintonizada ficava com o relacionamento entre as pessoas e o seu ambiente imediato, entre seu ambiente e o entorno deste e entre as muitas energias, sutis e não-sutis, que convergiam em todo lugar particular. Usando a intuição e instrumentos geomânticos, eu podia então recomendar soluções práticas para o aprimoramento da qualidade da energia em casa e no ambiente de trabalho. Em resumo, as rodas me ajudavam a ver onde os campos de força estavam desequilibrados e como restaurar a harmonia em seu interior.

As rodas que mais uso hoje são o ba-guá chinês, a roda de cura americana nativa e a roda celta, todas elas descritas a seguir. Às vezes utilizo exclusivamente uma delas, sozinha ou combinada com elementos de uma roda das tradições védica, tibetana ou havaiana; outras vezes, uso as três ao mesmo tempo. Em alguns aspectos, a roda ba-guá, de oito lados, a roda de cura, de oito raios, e roda celta, de oito camadas, são notavelmente semelhantes, lembrando as fitas de luz que tremulam ao redor do planeta. Em outros aspectos, cada uma delas é espantosamente singular. O ponto importante a lembrar quando se trabalha com elas é que, embora derivadas, todas elas, do espírito de Gaia, o respeito e a pureza de coração têm de ser demonstrados aos guardiães de cada tradição.

As Três Rodas

O trabalho com essas rodas me ensinou que cada uma delas tem uma "voz" própria. Quando lerem as informações básicas simplificadas a seguir — bem como as aplicações práticas mais detalhadas descritas nos capítulos 3, 4 e 5 —, escutem profundamente essas vozes e decidam com qual delas se sentem mais à vontade.

A Roda Chinesa Ba-guá

A fita de luz que inspirou a roda chinesa ba-guá se estende por 5.000 anos de conhecimento oriental. Conheci esse revestimento (ver a figura 2-1) por meio dos meus estudos de budismo tibetano, do I Ching, do feng shui e do Qi Gong.

De início, fiquei sabendo que a forma ba-guá de adivinhação começou no Tibete com o casco da tartaruga, que era usado como augúrio, ou instrumento divinatório, para interpretar uma fatia do tempo no cosmos. Primeiro se matava cerimonialmente a tartaruga e em seguida se rachava o casco e se "lia". Dizia-se que a casca interior refletia as forças yin universais criadas pelo céu, e, a casca exterior, as forças yang universais. Na cosmologia chinesa antiga, esses aspectos gêmeos da natureza eram creditados com as seguintes propriedades:

Figura 2-1 — O revestimento da roda chinesa ba-guá

Yin	Yang
Feminino	Masculino
Escuridão	Luz
Mole	Duro
Absorvente	Refratário
Lua	Sol
Negativo	Positivo
Intuitivo	Linear
Receptivo	Assertivo

A tartaruga, especialmente a marinha, é considerada uma forma divinatória em muitas culturas, talvez porque ela faz a ponte entre dois mundos — terra e água — e tem vida longa, chegando a durar mais de 100 anos.

Os havaianos, que têm grande reverência pela tartaruga, a chamam de honu, termo semelhante a honua, vocábulo havaiano para terra. A casca da honu ofereceu uma grade de navegação estelar durante longas viagens polinésias que levaram à "descoberta" do Havaí.

Os americanos nativos se referem à América do Norte por meio da expressão Ilha da Tartaruga. Outros ensinamentos americanos nativos descrevem a Mãe-Terra como uma tartaruga que navega pelo cosmos com a terra nas costas. Diz-se que a crosta terrestre, tal como o casco da tartaruga, traz uma rede de linhas que revela a teia magnética de energia que circunda o planeta e que se acha em seu interior.

Tanto as lendas havaianas como as chinesas e as americanas nativas correlacionam os treze segmentos das costas da tartaruga com as treze luas do calendário lunar. (Ver figura 2-2.)

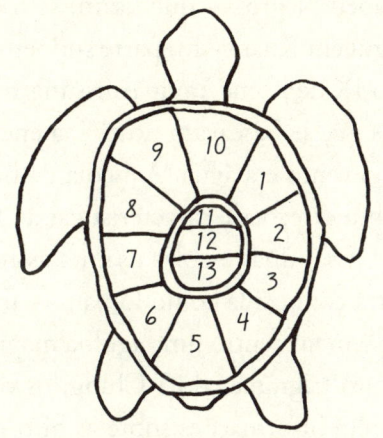

Figura 2-2 — Treze luas nas costas da tartaruga

De acordo com a tradição popular chinesa, por volta de 3000 A. E. C. [Antes da Era Comum], Fu Hsi, um ser mítico parte humano, parte serpente, descobriu numa tartaruga marinha oito trigramas, bem como um mapa dos céus. Os adivinhos antigos escreveram o I Ching (O Livro das Mutações) com base nesses oito trigramas e nos 64 hexagramas resultantes; cada um dos trigramas consiste numa combinação de três linhas, representando as interrompidas o yin e as contínuas o yang. O nome mais antigo do I Ching foi Chou I (Mutações de Chou), livro compilado por povos tribais das montanhas do noroeste da China ao migrarem para o sul por volta de 1325 A. E. C., levando consigo seu oráculo da tartaruga. Os 64 hexagramas do I Ching são usados até hoje.

É interessante o fato de que nos últimos anos se tenha percebido certa semelhança entre os 64 hexagramas e as 64 combinações de proteínas que formam o DNA humano, de que somente uma pequena porcentagem é "ligada" para ativar o nosso potencial. A inferência é que, como se sabe que consultar o I Ching aumenta o sentido de harmonia das pessoas, e como se demonstrou que as cadeias de DNA se fortalecem em condições de harmonia, essa prática de adivinhação tem a capacidade de ativar aspectos ainda inexpressos do nosso ser!

Nos meus estudos, aprendi ainda sobre as três principais escolas de feng shui — a escola da forma, a escola da bússola e a escola tibetana do Chapéu Negro — que usam, sem exceção, o I Ching. A escola da forma surgiu em Kuang-shi, parte sudoeste da China em que um estudioso do século IX de nome Yang Yun-sung registrou uma coleção de práticas populares que se baseavam no ch'i, a energia cósmica universal que se move como o vento e a água. A escola da bússola apareceu no norte da China; ela atribui direções e características ao fluxo do ch'i.

Essas duas escolas usam a astrologia e uma complexa bússola de geômetra conhecida como lo pan — um disco chato dividido em vários anéis que tem no centro uma agulha magnética. O anel da parte mais interna traz os oito trigramas do I Ching; os outros, em número aproximado de 20, contêm informações sobre as oito direções, os signos do zodíaco, o movimento dos planetas, o calendário chinês e muito mais coisas. Alguns lo pan foram traduzidos para o inglês e podem ser comprados por meio da lista de recursos no final do livro.

A abordagem tibetana do Chapéu Negro é mais eclética, combinando o budismo tântrico tibetano e as práticas folclóricas chinesas e do Bon tibetano, bem como aspectos do confucionismo, do taoísmo e do feng shui tradicional. A perspectiva taoísta seguida por essa escola tem um atrativo especial para os ocidentais. Por exemplo, a seita do Chapéu Negro coloca o trigrama mais inferior do ba-guá (em geral associado com o norte) na entrada principal de uma habitação, em vez de alinhá-lo com o pólo norte magnético — costume sensível em nosso mundo moderno, em que poucos empreendimentos imobiliários são construídos de acordo com os pontos da bússola. A prática da Gaiamancia se baseia nesse posicionamento do ba-guá.

O uso do ba-guá na Gaiamancia decorreu em última análise de três eventos sincronísticos. Quando estudava arquitetura de interiores na escola de arquitetura da University of Oregon, tive aulas de Qi Gong com um mestre chinês e ganhei um livro de feng shui. Essas imersões simultâneas despertaram no meu íntimo uma ligação entre a influência do ch'i, ou a força vital, sobre as edificações e no interior delas e o seu efeito sobre o corpo humano e no interior deles.

O ch'i, chamado muitas vezes de sopro cósmico, é uma energia vista com freqüência mas raramente observada. A depender do seu fluxo, ele pode ser tanto delicado e solidário como feroz e exigente, se não avassalador. Por exemplo, caminhos que permitem fluxos longos e lineares de ch'i, por exemplo, podem atrair a catástrofe, como o demonstram as nossas ruas e os nossos cursos de água retos e estreitos. Essas configurações convidam a energia cósmica a passar por elas com demasiada rapidez. Da mesma maneira como os cursos de água lineares tendem a inundar a paisagem circundante, as ruas lineares podem desgastar forças de vida fundamentais. A arte do feng shui (vento e água) foi concebida para ajudar a evitar esses desastres.

Os nossos ancestrais sabiam que o vento e a água trazem tanto a força da vida como a força da morte. E, mais do que isso, sabiam que essas forças têm mais propensão de promover a vida quando o ch'i, o sopro divino, produz uma maré montante e vazante suave de energia invisível. Essa sabedoria dos antigos tornou-se evidente para mim quando visitei cidades antigas e observei que os primeiros habitantes na maioria das vezes preferia construir seus lares em locais de brisa leve próximos a fontes, rios ou ao mar. Essa decisão decorria em parte de considerações práticas como a necessidade de irrigar a lavoura e de transporte. Mas a maré montante e vazante de energia invisível também teve sem dúvida um papel importante. Na realidade, os cientistas provaram desde então que a água corrente produz íons negativos — átomos carregados que tanto curam como enervam o corpo.

A Roda de Cura Americana Nativa
Quando iniciei o meu trabalho com a roda de cura americana nativa, tive um sentido instantâneo de reconhecimento que me inspirou a estudar mais esse caminho do conhecimento: originalmente, o continente norte-ameri-

cano era o lar de mais de 500 tribos Primeira Nação, algumas delas com sua própria roda de cura — um círculo ou arco de pedra usado para dizer as horas, acompanhar as estações e realizar práticas espirituais. Embora a atribuição de cores, de elementos e de espíritos animais e vegetais a partes da roda diferisse de tribo para tribo, cada variação continha as mesmas quatro direções (leste, sul, oeste e norte) e muitas vezes as mesmas quatro cores (vermelho, branco, preto e amarelo) para designar as quatro raças humanas, o que revela uma antiqüíssima congruência de sistemas de crença.

A roda de cura que criei para usar como revestimento (ver a figura 2-3) é uma composição de arcos percorridos por vários povos Primeira Nação. Anciãos garantiram que ela foi feita correta e respeitosamente de acordo com tradições ancestrais. Como vocês verão no capítulo 4, essa roda apresenta diversas camadas e é holográfica — por uma boa razão. Da mesma maneira como os hexagramas do I Ching refletem o nosso DNA, a roda de cura macrocósmica faz aqueles que a percorrem penetrar nas espirais do DNA microcósmico (ver a figura 2-4). Na verdade, quem passou pelo arco relata que ele "contém uma lembrança" de sua existência física, despertando cada giro uma memória há muito submersa, e, com isso, uma profunda forma de "saber".

Figura 2-3 — O revestimento da roda de cura americana nativa

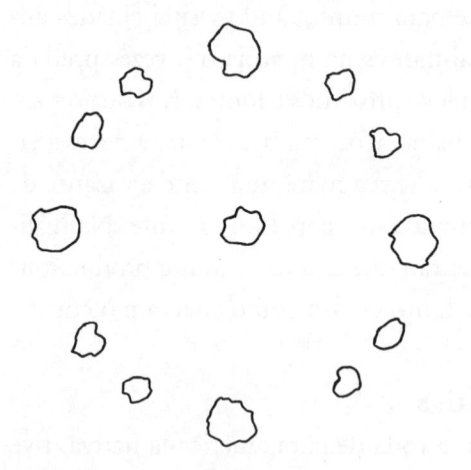

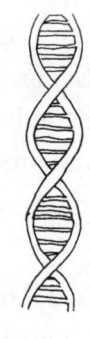

Figura 2-4 — A espiral do DNA humano

A roda de cura americana nativa também pode desencadear a consciência da geometria sagrada dos nossos corpos físico, emocional, mental e espiritual — revelando a beleza do nosso verdadeiro ser. Assim, percorrer essa roda da vida nos capacita a encontrar conselhos para aplicar ao plano e ao projeto das edificações nas quais vivemos e trabalhamos, bem como em nossa vida como um todo.

A Roda Celta

Criei a roda celta depois de consultar meus ancestrais e estudar as estações dos celtas. Também fui inspirada pelo calendário Coligny, do século I E. C. [Era Comum], descoberto na França em 1897, que começa em 31 de outubro com Samhain, a Véspera do Ano Novo Celta, começando cada mês na lua cheia. Está portanto incorporado a esse revestimento (ver figura 2-5) o honrar de eventos lunares. A roda inclui ainda árvores e animais, tendo uns e outros desempenhado uma função importante na vida dos primeiros celtas.

A roda celta é modelada numa das mais antigas formas de arte celta — a saber, a espiral, apresentada de maneiras variadas, como espiral simples (ver figura 2-6), como espiral dupla (ver figura 2-7) ou como labirinto (ver figura 2-8). Presente em toda a Europa em obras de arte e esculturas, bem como em roupas e em jóias, a espiral significa a passagem ao "centro" ou um caminho para o espírito. São abundantes os labirintos na Irlanda, e só depois de percorrer um deles desenhei essa roda labiríntica.

Outros componentes peculiares do revestimento da roda celta são objetos sagrados, como o caldeirão (ver figura 2-9), o antigo símbolo celta da nutrição, do calor, do conhecimento, da realização e da adivinhação. Os caldeirões continham de modo geral um tesouro como um pote de ouro ou uma poção mágica.

Muitas pessoas que não têm familiaridade com as perspectivas orientais ou americanas nativas sentem forte atração pela roda celta. Com efeito, esse revestimento mostrou-se capaz de produzir profundas informações entre pessoas de linhagem européia.

Figura 2-5 — Revestimento da roda celta

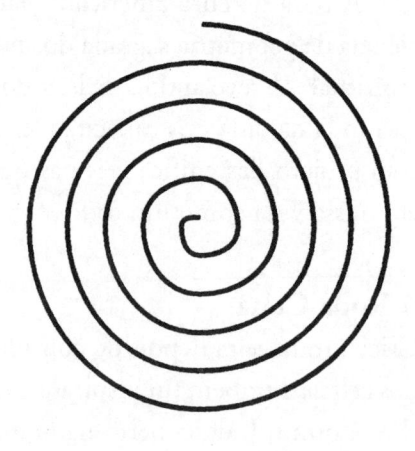

Figura 2-6 — Espiral simples

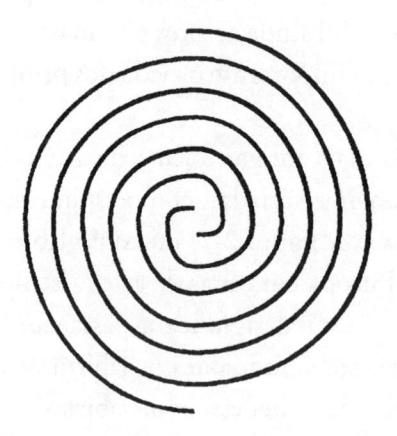

Figura 2-7 — Espiral dupla

Figura 2-8 — Labirinto tradicional

Figura 2-9 — Caldeirão

O Trabalho com as Rodas

Tendo conhecido a derivação e a ênfase de cada uma das três rodas primordiais da Gaiamancia, você já pode ter decidido qual delas se harmoniza mais com a sua forma de vida. Se for esse o caso, esta será provavelmente a que você vai querer usar para avaliar e equilibrar a sua casa ou seu espaço de trabalho. Se não for, anime-se — os três capítulos seguintes vão ajudá-lo a examinar o seu ambiente em termos de cada uma dessas modalidades, e uma delas provavelmente vai despertar em você o sentido da familiaridade.

Em cada exemplo você vai encontrar um diagrama rotulado da roda em discussão. Transcreva o diagrama para uma folha de papel de desenho e adicione os rótulos fornecidos; você terá então uma réplica da roda a usar como revestimento. Em seguida, reduza a planta do seu espaço ao tamanho do revestimento, e desenhe um círculo ou uma forma oval ao redor de seus pontos mais extremos. (Se você não sabe a forma do terreno onde está construída a sua casa ou o seu escritório, peça ao construtor ou ao proprietário uma fotocópia da planta; a administração municipal ou distrital também pode consultar os registros para você.) Depois sobreponha o esboço da roda à planta que deseja avaliar.

Ao trabalhar com o seu revestimento, lembre-se de que a roda é maleável. Ela pode ser "esticada" para adequar-se à forma de qualquer terreno ou construção, como ilustra a figura 2-10.

Forma do terreno

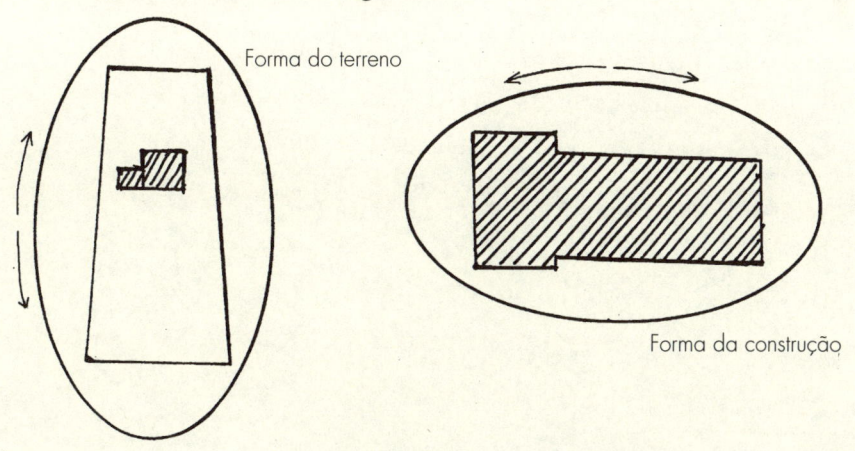

Forma da construção

Figura 2-10 — Esticar uma roda

Lembre-se ainda de que o seu revestimento pode ajudá-lo a equilibrar espaços menores, como uma sala ou o tampo de sua escrivaninha. Ponha simplesmente o revestimento sobre um desenho da área em questão, alinhando a parte inferior da roda com a parede que contém a porta de entrada principal ou com o lado da escrivaninha que fica diante da cadeira. E nunca saia de casa sem o revestimento; na verdade, você deve dobrá-lo e colocá-lo entre os pertences que o acompanham em suas viagens. Mudar de lugar a cesta de lixo ou colocar objetos em locais estratégicos pode transformar um quarto de hotel ou de motel estagnado ou caótico num seguro e bem equilibrado santuário.

Qualquer que seja a sua escolha — a roda do ba-guá, a roda de cura, a roda celta ou as três ao mesmo tempo — para alinhar o seu ambiente, o efeito obtido vai ser profundo. Porque dentro de pouco tempo você estará vivendo a vida sagrada e ela estará vivendo você!

Examinemos agora cada uma das rodas seqüencialmente...

CAPÍTULO TRÊS

A Roda Chinesa Ba-guá

Um bom viajante não tem planos fixos nem pretende chegar a parte alguma.

— LAO-TZU (570-490 A. E. C.)

A roda ba-guá é construída a partir dos oito trigramas do I Ching. Ela também contém as antigas relações de elementos, de cores, de direções e de facetas da vida associadas com esses fenômenos.

Características Especiais

Os elementos incluem — além da terra, do ar, do fogo e da água, que os ocidentais acreditam constituir o universo físico — o metal e a madeira. O metal era visto na China Antiga como a união de formas antigas e novas de ser nos termos dos princípios da ordem universal, enquanto a madeira era considerada capaz de promover o novo crescimento e de lidar com os desafios. O elemento ar era definido como ch'i, o sopro cósmico que infunde toda a criação, razão pela qual não aparece na roda mostrada na figura 3-1. Não obstante, ele se combina com outros elementos a fim de produzir realidades tangíveis como o tempo:

Ch'i + fogo = calor
Ch'i + metal = condições favoráveis
Ch'i + terra = vento
Ch'i + água = frio
Ch'i + madeira = chuva

Sul
Vermelho
Fogo
Sucesso

Verde, púrpura, vermelho
Riqueza/Abundância

Vermelho, rosa, branco
Relacionamentos/
Casamento

Leste
Verde
Madeira
Família/
Saúde

Centro
Terra
Amarelo

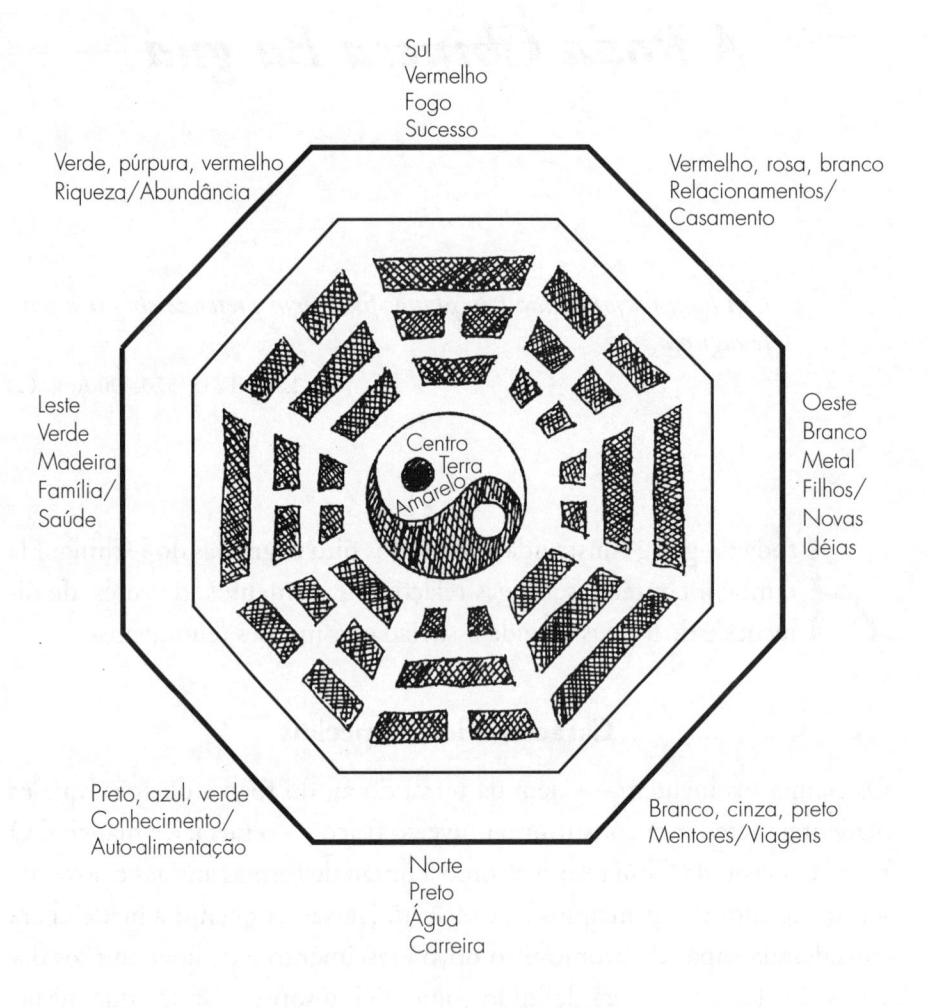

Oeste
Branco
Metal
Filhos/
Novas
Idéias

Preto, azul, verde
Conhecimento/
Auto-alimentação

Branco, cinza, preto
Mentores/Viagens

Norte
Preto
Água
Carreira

Figura 3-1 — Roda chinesa ba-guá

As direções e as cores dessa roda se baseiam na astronomia e na astrologia chinesas, que vêem as três direções primárias divididas em quatro grandes constelações: o pássaro vermelho (fênix) do sul, o tigre branco do oeste, a tartaruga negra do norte e o dragão verde do leste. A partir dessa cosmologia, o lugar ideal na China — e em todo o Hemisfério Norte — é aquele que se abre para o sul, aquele em que benefícios solares permeiam o espaço no qual se vive. As direções se acham relacionadas com as seguintes características:

Sul — fogo, meio-dia, desperto, verão, yang
Leste — madeira, tarde, tempo em desaceleração, outono, yin
Norte — água, meia-noite, tempo de dormir, inverno, yin
Oeste — metal, amanhecer, tempo recém-desperto, primavera, yang
Centro — terra, dia e noite, intemporalidade, yin e yang

As cores desempenham um papel essencial na interpretação do ba-guá, dado que cada matiz emite uma vibração e um tom próprios. As propriedades associadas com as seis cores reais do budismo são:

Branco — metal/alquimia, começo, a lua, o luto, os pulmões
Vermelho — fogo, casamento, yang, o coração
Amarelo — esplendor imperial, terra, centro, o baço
Verde — esperança, novo crescimento, primavera, madeira, o fígado
Azul/Índigo — céu, firmamento, o luto
Preto — uma combinação de todas as cores, fim, yin, os rins

A roda ba-guá descrita aqui contém três cores adicionais que, na medicina chinesa tradicional, se acham vinculadas com as seguintes propriedades:

Púrpura/Ameixa — respeito, grande fortuna
Rosa — júbilo, sentimentos suaves e puros, romance
Cinza — uma combinação de opostos

As facetas da vida correspondentes a cada segmento da roda ba-guá tiveram origem no folclore compilado quando o feng shui veio à existência. Os chineses antigos eram um povo sábio e prático. Eles sabiam que os seres humanos podem facilmente perder de vista os aspectos essenciais da existência pessoal. Acreditava-se que, se desprezadas, essas partes ficariam flutuando no ar, fora do alcance, ao redor da cabeça das pessoas, produzindo uma sensação de assoberbamento. A fim de evitar que isso ocorresse, os antigos atribuíram essas facetas da vida humana a áreas do ambiente nas quais as pessoas pudessem dirigir com relação a elas um claro intento, criando harmonia tanto exteriormente como interiormente. Esse foco concentrado na carreira, no conhecimento/auto-alimentação, na família/saúde, nos filhos/novas idéias, na riqueza/abundância, no sucesso, nos relacionamentos/casamento, nos filhos/novas idéias e nos mentores/viagens dava de fato origem a transformações miraculosas!

Com os elementos, as direções, as cores e os motivos de vida do baguá tão intimamente entrelaçados no terreno em que habitamos, a nossa tarefa é apenas alterar o nosso ambiente de modo compatível com as suas energias. Em alguns casos, isso pode significar acentuar seu impacto; noutros, se traduzirá em se contrapor a desequilíbrios. Em todas as circunstâncias, o fator de cura é a intenção humana.

A fim de passar pela experiência do fluxo de ch'i em sua casa ou ambiente de trabalho, observe de que maneira você se movimenta em seu âmbito. São os seus movimentos desimpedidos e fluentes ou você se sente pressionado e premido, ou mesmo confinado, ou ainda propenso a se chocar contra as coisas? Em outras palavras, o ch'i está fluindo livremente, está demasiado concentrado ou obstruído de alguma maneira?

Mesmo antes de entrar numa edificação, os praticantes do feng shui estudam o fluxo do ch'i. Eles falam com a vizinhança, avaliando correntes de energia bem como as forças yin e yang que afetam o lugar. Eles sabem, por exemplo, que colinas baixas e pouco íngremes e vales tendem a ter natureza yin. Estão cônscios de que picos pontiagudos como os da Cordilheira de Olímpia, no Estado de Washington, os Grand Tetons, de Wyoming, e as Montanhas Rochosas, do sudoeste dos EUA são fortemente yang. E são agudamente sintonizados com o fato de que paisagens nas quais nem o yin nem o yang predominam são mais propícios ao equilíbrio interior.

Usando a roda ba-guá como guia, você pode avaliar o formato do seu pedaço de terra — e, a partir disso, o interior da estrutura a que ele serve de base. Com o aumento da sua experiência no trabalho com essa roda, você vai descobrir uma variedade de instrumentos a ser usados no ajuste da energia da terra em sua passagem pela sua habitação. Sob a orientação de Gaia, você provavelmente vai descobrir que qualquer espaço pode ser transformado de uma pista de corridas num local de reunião apropriado, ou de uma zona morta numa área pulsante de vida!

Uma Avaliação a Partir do Feng Shui

Cada edificação é um ser em si e assim tem de ser tratado. Essa é a crença que tem a primazia na minha mente quando realizo uma avaliação.

Costumo iniciar por uma jornada xamânica ao prédio e pela comunhão com ele, sem me deixar dispersar pelas energias de seus ocupantes humanos. (Para a prática desse gênero de jornada, ver a página 112.) O prédio sempre tem muito a me dizer, como onde encontrar pontos congestionados cuja energia tem de ser "desimpedida". Também dou uma volta de carro ao redor da área a fim de verificar as características geográficas, a saúde e as condições gerais da vizinhança ou do terreno circundante; quanto maior o número de "camadas" ambientais que levo em conta, tanto maior a quantidade de conhecimentos com os quais trabalhar. Voltando à edificação, estudo a sua entrada, considerando a rua como mais uma "porta", e avalio o fluxo de ch'i. Só então inicio a avaliação física, deitando a roda ba-guá sobre um desenho da área. Por vezes estico a roda para cobrir todos os pontos fronteiriços da cidade ou do estado a fim de reunir o máximo de informações possíveis.

Depois de avaliar o terreno, volto a atenção para a planta baixa da casa, diagramando a estrutura enquanto a percorro. Tendo terminado esta avaliação, compilo uma relação de problemas, de soluções e de aprimoramentos. Forneço então ou uma avaliação escrita ou uma fita de áudio que registra o percurso que fiz, a depender da maneira pela qual o cliente assimila mais as informações: por meio da leitura ou da audição.

Avaliemos uma casa pertencente a uma médica que é uma personalidade nacional do rádio e da televisão. Examinaremos em primeiro lugar o terreno no qual ela está situada (ver a figura 3-2). O terreno é retangular e tem uma forma bastante regular, o que é muito bom no feng shui. A própria disposição geral da casa forma um ziguezague, o que é conhecido no feng shui como forma de relâmpago. Se os segmentos do ziguezague tiverem igual comprimento, o desenho significa poder auspicioso. No nosso caso, contudo, seu comprimento é desigual e, como você pode ver, há vazios, ou partes faltantes na planta, nas áreas da riqueza/abundância e dos mentores/viagem. As soluções que propus durante meu percurso pela casa estão apresentadas adiante neste capítulo.

Há mais uma dificuldade: a rua atrás da casa é uma via com trânsito pesado. A energia apressada que se movimenta nessa rua pode afastar da casa o ch'i doador de vida. Para se proteger dessa ocorrência, sugeri que se pusessem plantas, árvores ou um muro na área marcada [1]. Se o ocupante do

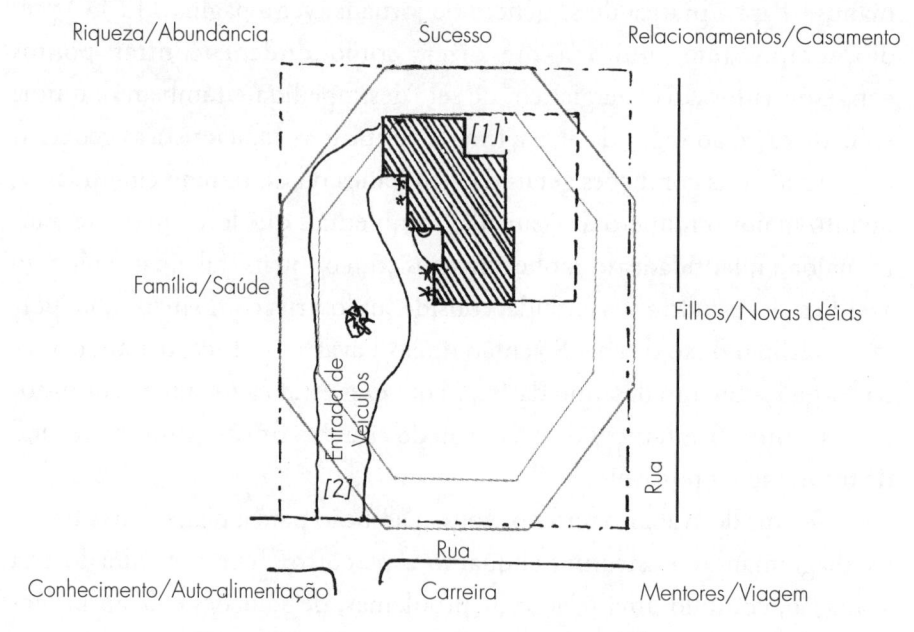

Figura 3-2 — Planta com revestimento da roda ba-guá

imóvel fosse um inquilino e não o proprietário, ou se este último não pudesse fazer despesas para mudar a paisagem ou para construir, eu teria aconselhado que se fizesse um anteparo por meio da colocação de uma "intenção" sustentada por uma pedra ou por uma estátua na área considerada.

Uma terceira dificuldade nesse terreno é o bueiro que passa sob a entrada de veículos [2] e acelera o fluxo da água em rápido movimento. Colocar plantas aí serviria ao duplo propósito de absorver o excesso de umidade e evitar que forças vitais fossem retiradas da área da carreira.

Examinemos agora a planta baixa da casa, mostrada na figura 3-3. Tal como antes, os números entre colchetes no texto se referem aos números entre colchetes na planta. Percorreremos a roda no sentido dos ponteiros do relógio, começando pela entrada — a "boca" da construção. Começar por esse ponto vai nos ajudar a ver de que maneira o fluxo nutridor do ch'i se movimenta na direção do "corpo" da casa. Quanto mais saudável essa nutrição, tanto mais saudável é a casa.

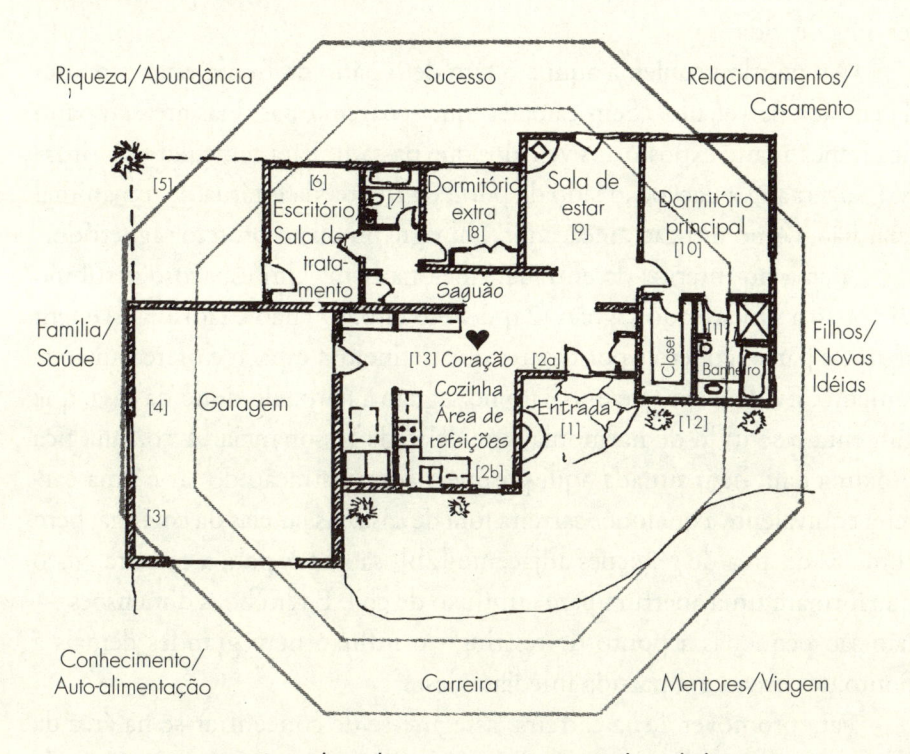

Figura 3-3 — Planta baixa com revestimento da roda ba-guá

[1, 2a, 2b] Carreira: Água

Nessa casa, a entrada [1] é a área da carreira, a faceta da vida na qual a energia costuma ser despendida para o fim da remuneração monetária e, em seguida, para o sustento físico. A entrada é marcada por um belo e puro pátio de pedra embelezado por uma fonte. As portas duplas — o que permite que uma abundância de ch'i flua para a casa — são pintadas de turquesa, uma excelente cor para a sintonia espiritual, para a cura e para a purificação. Acredita-se também que o turquesa proteja a propriedade ao servir de escudo contra acidentes e intrusos.

Mas essa entrada apresenta dois problemas. O primeiro é que a fonte não está funcionando e a água está parada — situação que deve ser corrigida imediatamente para que as carreiras não sejam afetadas. Esse problema é particularmente grave porque, no feng shui, a água representa a carreira. Com efeito, costumo recomendar que haja uma fonte ou imagens de água na entrada das edificações, seja ou não essa a área da carreira, porque a água fervilha de vida.

O segundo problema aqui é o fato de o pátio da frente estar próximo da entrada de veículos. Sem camadas que separem essas duas áreas, o pátio fica francamente exposto aos veículos que passam. Para remediar essa situação, sugeri a instalação, ao lado da porta da frente, da estátua de um animal guardião, como um cão ameaçador, um tigre ou outro protetor aguerrido.

A área no interior da entrada funciona bem. Um espaçoso vestíbulo dá acesso a um arejado saguão [2a] de teto alto. O chão é ladrilhado e tem algumas partes cobertas por tapetes que definem o espaço e oferecem aterramento. Evidencia-se de imediato no saguão a harpa do dono da casa, que aumenta o sentido de harmonia e de delicada ressonância. A cozinha fica próxima dali, bem situada aqui porque a administração do lar é uma carreira equivalente a qualquer carreira fora de casa. As janelas da cozinha, bem como as da área de refeições adjacente [2b], são boas para a carreira, visto que formam uma abertura para o influxo de ch'i. E têm boas dimensões — não são pequenas a ponto de restringir o influxo nem grandes demais a ponto de convidar a partida imediata deste.

Para promover a sua carreira, assegure-se de concentrar-se na área da sua casa ou de seu local de trabalho alinhada com a parte inferior da roda ba-guá. Se pretende conseguir uma promoção ou mudança para outra esfera de responsabilidade, esse é o lugar apropriado para exibir uma imagem de si mesmo ou de alguém realizando esse novo trabalho. Tudo aquilo que você decida exibir aí, mesmo que não passe de uma pedrinha, vai servir de portador de sua intenção de uma carreira promissora.

Para esses propósitos, um praticante do feng shui tradicional poderia recomendar flautas ou um espelho, mas se esses objetos não tiverem significação para você, escolha algum que tenha. Ainda que os objetos tragam seu próprio poder, a intenção neles investida costuma ter uma influência energética ainda maior. Os objetos intencionais, graças à energia pessoal que contêm, podem liberar bloqueios à harmonia, ao equilíbrio e à vitalidade.

[3] Conhecimento/Auto-alimentação

Essa área, comprometida pela garagem anexa, sugere que o conhecimento/auto-alimentação reside fora do principal espaço em que se vive. Além de limitar esses aspectos da vida da moradora, a garagem traz outros problemas. O chumbo que se fixa em seus sapatos e roupas depois de ela desligar o motor do carro é levado para a casa, na qual, uma vez transportado pelo ar, pode ser inalado ou ingerido. Outras fumaças e substâncias tóxicas também penetram na casa por meio da garagem. Uma garagem apartada da casa, por outro lado, teria permitido que boa parte dessa toxicidade ficasse depositada fora da casa.

Para incorporar o conhecimento e a auto-alimentação à essência da casa, sugeri que a garagem passasse a conter objetos que representem os desejos dos clientes nessas áreas, tendo ela escolhido uma espreguiçadeira investida de sua intenção de divertir-se e relaxar. Se a casa estivesse em construção, eu teria aconselhado a colocação de objetos permanentes nas fundações ou na laje. Uma mulher que fazia tudo com zelo inseriu tantos objetos nas formas da base da casa que o empreiteiro objetou: "Madame, a senhora está comprometendo a integridade deste alicerce!"

[4] Família/Saúde: Madeira

Também essa área está na garagem e, portanto, além do corpo principal da casa — uma situação que tende a induzir alienação com respeito à família e a comprometer a saúde vibrante da moradora. Para estimular uma vida familiar harmoniosa, eu a aconselhei a preencher essa parte da garagem com fotos de momentos felizes de seu relacionamento com a família e os amigos. "Se não tiver fotos de momentos felizes", eu disse, "desenhe-os — mesmo esboços grosseiros servem, porque não é tanto a apresentação quanto a intenção o que conta!"

Para ativar a boa saúde e o bem-estar vibrante, recomendei o acréscimo de uma planta de seda no interior da garagem, e de plantas naturais ao longo da parede externa. (Para uma relação de plantas que absorvem substâncias químicas tóxicas, veja a página 135.) O bambu, com suas muitas variedades de crescimento luxuriante, tem grande eficiência nesses lugares, podendo ser contido se plantado em recipientes de metal.

A água colocada nesse lugar de madeira vai alimentar os atributos desta; mas água em demasia, como um banheiro com várias torneiras, pode simplesmente afogá-los. A solução mais favorável é a adição de plantas que absorvam as quantidades excessivas de umidade.

[5, 6] Riqueza/Abundância

A área da riqueza/abundância abrange duas partes da casa. Uma é um vazio [5] no qual propus que se construísse uma parede de pedra ou de fardos de palha a fim de transformar essa parte da propriedade numa sala externa com um jardim. Uma árvore robusta plantada no canto esquerdo superior do jardim, expliquei, ajudaria muito na atração de um fluxo de abundância, efeito também propiciado pela imagem de uma tartaruga — um anfíbio forte, estável e de vida longa —, para representar um longo e estável fluxo de riqueza. Se não se pudesse construir a parede, eu teria sugerido um jardim circundado por pedras.

Se estiver às voltas com um problema semelhante, lembre-se de que há tantas soluções quanto pessoas para chegar a elas. Confie na sua intuição!

O escritório [6] está bem situado nessa área de riqueza/abundância. Para compensar ainda mais o vazio aludido, sugeri que se exibisse no muro que o circunda uma divindade como uma deusa hindu ou o deus Ganesha, ou, como antes, a imagem de uma tartaruga. As amplas janelas que se abrem na parede adjacente permitem um prodigioso fluxo de ch'i, mas correm o risco de dissipá-lo pelos seus grandes vãos. A fim de evitar o desgaste dessa força vital, sugeri atenuar e reduzir a velocidade do desgaste por meio de cortinas, tapeçaria ou de uma peça de vidro pintado na janela, dado que o ch'i é atraído pelo movimento, pela cor, pela luz e pela beleza.

[7, 8, 9] Sucesso: Fogo

Ter o banheiro [7] na área do sucesso pode ser problemático, porque ninguém deseja que a sua fama desça pelo ralo! Para compensar a probabilidade da "diluição da fama", defendi a colocação aí de plantas vivas. Em outras casas sem crianças, aconselhei os clientes a soltar fogos em anteparos acima do toalete. Esses problemas requerem soluções "explosivas"!

A boa notícia é que o toalete está encostado numa parede interna. É muito comum que os toaletes fiquem encostados numa parede externa para facilitar a ventilação; mas a atração descendente do ch'i que resulta das descargas na periferia da edificação tende a desperdiçar a energia vital. Se o seu toalete fica junto a uma parede externa, assegure-se de se contrapor a esses efeitos indesejáveis com uma forte representação da energia se movimentando ascendentemente, como uma planta que cresça para cima, uma fotografia ou um móbile contendo pássaros. Para descobrir a melhor solução, confie na sua intuição.

Aqui, o quarto de hóspedes [8], com a porta afastada do resto da casa, oferece um delicioso sentido de privacidade, mas sugere um sucesso difícil de alcançar. Para aprimorar a capacidade de a proprietária falar em público, sugeri que se pendurasse na parede a figura de um grande orador ou uma colagem de públicos assistindo a uma apresentação. A essa altura, a proprietária já sabia bem que a intenção que está por trás das imagens é o que proporciona combustível para a manifestação.

A sala de estar [9] é um ambiente ideal para a área do sucesso. Embora essa mulher passe um tempo calmo e íntimo na sala de estar, esta serve igualmente de espaço "público". O uso da lareira no canto pode adicionar um vigor ardente à sua imagem pública — uma paixão tanto mais pronunciada porque o fogo é o elemento do feng shui para esse aspecto.

[10] Relacionamentos/Casamento
O local onde está o dormitório principal é excelente. Para ajudar a fazer o quarto dar a sensação de segurança e de calor maior possível, propus um esquema rosa com um toque de verde-floresta. Para pessoas solteiras felizes, costuma ser benéfico adornar essa área com uma imagem devocional como a de Quan Yin, deusa chinesa do amor e da compaixão infinitos.

Se você estiver interessado em desenvolver um relacionamento estável ou está em vias de fazê-lo, registre a sua intenção com respeito ao que quer num parceiro e ponha-a nessa parte da sua casa. Ou então faça uma relação de características — que, quanto mais definida, tanto melhor será —, lembrando-se de que o Espírito é extremamente literal. Cuidado com o que pede, visto que a energia se movimenta e se manifesta com muita rapidez!

Se você quiser tornar mais firme um vínculo conjugal, esse é o lugar para fazê-lo. E se estiver cuidando do divórcio, ponha a sua intenção aqui a fim de ter uma transição calma e amorosa. E, acima de tudo, faça a opção por relacionamentos harmoniosos com as pessoas do seu mundo, especialmente com você mesmo.

[11] Filhos/Novas Idéias: Metal
O banheiro é um bom lugar para se infundir novas idéias de uma parcela adicional de ch'i. Dei o conselho de que ela colocasse aqui uma imagem dos novos projetos — na forma de um desenho simples ou mesmo de uma pedrinha. Tudo o que servir como lembrete de um trabalho em andamento pode se revelar extremamente proveitoso.

Se você tiver filhos, esse seria o lugar ideal onde colocar o quarto de dormir ou de brincar. Cuidado para não deixar à vista fotografias velhas deles, porque isso só serve para manter você — e eles — concentrados no passado. (Guarde as fotos deles quando bebês para a área da família/saúde.) Se estiver tentando ficar grávida, esse é um bom lugar para você colocar imagens de bebês felizes e robustos, de cartões de parabéns pelo nascimento de filhos ou bulbos florescentes. Seja criativo aqui, e divirta-se!

[12] Mentores/Viagens

A área dos mentores/viagens, que vai além do local em que está a construção, precisava ser levada para dentro. Como solução, aconselhei a colocação na propriedade de estátuas ou símbolos de mentores como Buda, São Francisco, Quan Yin, anjos ou mesmo pessoas que ajudam e dão apoio. Um mentor é um ser do plano físico, mental, emocional ou espiritual que ajuda. Nós ocidentais, dedicados demais à busca da independência, costumamos nos esquecer de pedir ajuda. Mas basta-nos pedir assistência e vemos a nossa vida fervilhando de valiosos amigos, guias e mentores.

Nessa área, assim como em todas as outras, nada permanece estático. Logo, sempre que um objeto colocado ali de propósito começar a parecer ultrapassado, assegure-se de substituí-lo com um que mantenha em movimento a energia desejada. Um mentor que guiou você na escola secundária pode já não ser útil na hora de conseguir um emprego. Faça que o seu ambiente externo esteja em sintonia com o seu ambiente interno.

Essa é também uma boa área para deixar à vista quadros ou cartões postais de lugares que você gostaria de visitar. Não se surpreenda se planos de viagem para esses lugares de repente de materializarem!

[13] Coração/Centro: Terra

Eis uma das mais importantes áreas de uma construção, porque, se o coração estiver instável, sobrecarregado ou impedido, toda a estrutura e seus ocupantes podem ser afetados. O coração dessa casa, situado entre o saguão e a entrada principal, está sujeito a um fluxo acelerado de ch'i, o que pode eventualmente provocar insônia, nervosismo ou palpitações cardíacas na moradora. O ch'i que flui rapidamente está propenso, como um rio num canyon profundo, a levar tudo à sua passagem. Pode até nos deixar sem fôlego.

A solução recomendada nesse caso foi colocar pedras ou imagens de energia sólida e assentada, como montanhas ou terrenos, no corredor central a fim de desacelerar o ch'i o suficiente para fazê-lo pairar na área do coração. Um tapete com cores telúricas para cobrir parte da área também pode desacelerar a corrente de energia ch'i na sua passagem por um corredor. Corredores compridos como os de escritórios se beneficiam normalmente de quadros nas paredes ou de portas ligeiramente recuadas. Como o ch'i é atraído pela beleza, pela cor, pelo som e pelo movimento, alterações desse tipo podem proporcionar "resistência", promovendo um fluxo de energia mais suave e mais indireto.

Se a área do coração de sua casa estiver sobrecarregada, considere a inclusão de móbiles sonoros, estátuas de anjos ou plantas de crescimento ascendente para elevar e difundir a energia. Uma área do coração restringida por depósitos ou closets, por outro lado, pode ser afetada por um fluxo de ch'i de movimento lento ou quase imóvel conhecido como sha. Para compensar a estagnação resultante, exiba imagens de paisagens limpas, desobstruídas, como as do topo de uma montanha, de uma campina ou de estrelas — todas capazes de ajudá-lo a entrar em contato com o fluxo da energia cósmica.

Quando o coração da sua casa ou do seu local de trabalho está comprometido de alguma maneira, todas as outras áreas serão igualmente afetadas. Assim, se você não fizer esta semana nenhuma outra mudança no seu ambiente, alimente o núcleo doador de vida do seu mundo — celebre-o! Revista-o com um coração de quartzo rosa ou mesmo com corações de chocolate a fim de infundir a atmosfera de uma energia doce, estável, equilibrada.

Duas situações adicionais podem ser tratadas com a ajuda da roda baguá: vizinhanças hostis e alarmes psíquicos contra roubos. Viver na proximidade dos outros pode fazer que algumas vezes você se sinta ameaçado pelos vizinhos — nesse caso, não deixe de devolver as energias negativas que lhe forem dirigidas. Pode-se consegui-lo com um espelho virado para a parte de onde vem a ofensa. Se você divide uma parede com esse inimigo, ponha o espelho de frente para ela; se o culpado vive embaixo, ponha-o num ponto invisível do solo. Assegure-se plenamente de colocar o espelho no lugar com uma clara intenção de harmonia, porque todo desejo negativo de sua parte pode ser devolvido a você triplicado!

Lamentavelmente, há quem viva na terra cercado por uma nuvem sombria, espalhando negatividade por onde quer que passe. Abençoe essas pessoas e devolva a negatividade. Para obter proteção adicional, cerque a porta de sua casa ou escritório com um círculo de luz para ajudar a filtrar energias que não trazem apoio.

Os alarmes contra roubos do feng shui tradicional variam de rituais "para selar a porta" a mudras, ou gestos de mão, destinados a afastar o mal. Os celtas antigos, como se verá no capítulo 5, propendiam a usar sinais e símbolos de proteção que costumo desenhar nas portas e no chão das entradas em lugares evidentes ou ocultos. No final, a melhor proteção contra o roubo ou os danos físicos vem do nosso núcleo. A luz e o amor que irradiamos repele do nosso meio as energias prejudiciais. Quando ocorrem de fato coisas ruins, nossa tarefa é vê-las, não como coisas que fazem de nós vítimas impotentes, mas como oportunidades de crescimento.

Por mais bem projetados que possam ser a sua casa ou escritório, sempre há como melhorá-los. Mas lembre-se de que o uso de um número demasiado de livros de feng shui pode "entornar o caldo". Por quê? Porque cada praticante de feng shui, publicado ou inédito, tem uma interpretação ligeiramente diferente das forças que incidem sobre o ambiente. Para alcançar a verdadeira harmonia, confie na sua intuição e peça a ajuda de seus mentores e guias. Tal como ocorria nos tempos antigos, essa forma divinatória chinesa tem mais eficácia quando praticada sem dogmatismos, mas da maneira mais jubilosa e criativa possível.

CAPÍTULO QUATRO

A Roda de Cura Americana Nativa

*Círculo ao redor
Das fronteiras da terra,
Usando longas penas de asa,
Enquanto vôo, enquanto vôo.*

— A DANÇA DO ESPECTRO

A roda de cura, de acordo com os anciãos nativos americanos, é o arco no qual vivemos no plano espiritual quando estamos em equilíbrio e em harmonia. Quanto mais nos acostumamos com suas energias, tanto mais provavelmente iremos integrar a sabedoria deles à nossa vida cotidiana.

Essa roda é traçada de acordo com as direções e os elementos. Ela difere da roda ba-guá porque acentua as estações da natureza, as horas do dia, o povo animal, as estações da lua, os estágios da vida e os caminhos de vida. Tradicionalmente, o entrelaçamento dessas energias leva à compreensão de que uma vida humana exibe muitas "estações". Muitas histórias descrevem essas estações em termos da idade ou da hora do dia. Esses dois conceitos são incorporados a um dos mais antigos enigmas elaborados, o dilema da esfinge: O que anda de quatro pés ao amanhecer, com dois pés ao meio-dia e com três pés ao pôr-do-sol? Da infância à idade adulta, e desta à velhice e à necessidade de uma bengala, o ser humano de fato percorre um ciclo de estações!

Em muitas culturas indígenas norte-americanas, o acompanhamento do tempo se baseia na dança anual das estações. Tribos inteiras atribuem sua sobrevivência ao pulsar de Gaia que, estação após estação, as faz passar por crises. Também nós podemos aprender a interromper o que fazemos para aspirar o ar em busca de sinais de uma chuva doce e suave; para ouvir o ruído que precede uma forte tempestade cheia de relâmpagos; para contemplar folhas que secam tendo por pano de fundo um céu impossivelmente azul; e para sentir a chegada da neve com um frio na espinha. Ou seja, podemos deixar que os nossos sentidos, em vez de o calendário na parede, nos diga em que época do ano estamos. Deixar o nosso corpo em liberdade nos leva a entrar em cada uma das estações, em vez de nos enclausurarmos nas ações mecânicas repetitivas, é uma maneira de entrar de modo mais pleno no arco da vida.

Características Especiais

De acordo com os ensinamentos dos americanos nativos, percorremos a roda da vida todos os dias, todos os anos e ao longo do curso de toda a nossa vida. Em cada plano, essa jornada ao redor da roda nos faz percorrer tanto o espaço como o tempo. Ela nos guia do leste, com seu odor de primavera e sua energia da infância, para o sul, ígneo como o verão e cheio do vigor e do crescimento adolescente, e daí para o oeste, a região outonal da fase de adulto e de cuidados em que encontramos o objetivo da nossa vida, e, por fim, para o norte, o lugar dos anciãos, em que as forças físicas em decadência cedem lugar à proliferação invernal de forças espirituais. No eixo da roda está o Espírito, o sol e a lua, em torno dos quais tudo gira.

No revestimento da roda de cura, as quatro direções primárias costumam ser associadas com as características gerais a seguir. (Nota: nessa roda, começamos pelo leste, lugar do sol nascente.)

Leste — ar; primavera; alvorecer; seres alados; novos começos; lua crescente; criança; autodescoberta, caminho do visionário

Sul — fogo; verão; meio-dia; coiote, cobra; clareza/extroversão; lua cheia; adolescente; condição de eu; caminho do guerreiro

Oeste — água; outono; transição da tarde para a noite; baleia, golfinho, tartaruga, urso; emoção/reflexão; lua minguante; adulto; comunidade; caminho do mestre

Norte — terra; inverno; meia-noite; coruja da neve, lobo, lebre; introspecção; lua nova; ancião; autonomia; caminho do agente de cura

Centro — o Espírito, do qual flui toda vida; sol; lua

As estações da lua mostradas nessa roda de cura se baseiam nas treze luas que aparecem na carapaça da tartaruga — doze ao redor da extremidade exterior da casca e uma no centro. Aqui só se levam em conta quatro das doze fases, embora você possa imaginar as outras enquanto percorre a roda. Essas fases, ainda mais do que cada lua mensal, se refletem na menstruação das mulheres e vêm a ser conhecidas num nível profundo.

Os caminhos do visionário, do guerreiro, do agente de cura e do mestre são interpretações modernas dos propósitos das fases da vida descritos por Angeles Arrien, Ph.D., em seu livro *The Four-Fold Way* [O Caminho Quadrúplice]. Eles integram antigas crenças de muitos povos indígenas do continente americano.

Uma Avaliação com a Roda de Cura

Usemos a roda de cura para avaliar a casa de dois andares de uma família de sete pessoas situada em dez acres cheios de pinheiros e carvalhos ao sopé das Montanhas Sierra da Califórnia. A própria família projetou e construiu a casa, tendo tido o cuidado de alinhá-la com o norte e o sul verda-

Norte — terra;
inverno;
meia-noite;
coruja da neve, lobo, lebre;
introspecção;
lua nova;
ancião;
autonomia;
caminho do agente de cura

Noroeste
Solstício de inverno

Nordeste —
Equinócio de primavera

Oeste — água;
outono;
transição da tarde
para a noite; baleia,
golfinho;
tartaruga;
urso;
emoção/
reflexão;
lua minguante;
adulto;
comunidade;
caminho do mestre

Espírito
Sol/Lua

Leste — ar;
primavera;
alvorecer;
seres alados;
novos começos;
lua crescente;
criança;
autodescoberta,
caminho
do visionário

Sudoeste —
Equinócio de outono

Sudeste —
Solstício de verão

Sul — fogo;
verão;
meio-dia;
coiote, cobra;
clareza/extroversão;
lua cheia;
adolescente;
condição de eu;
caminho do guerreiro

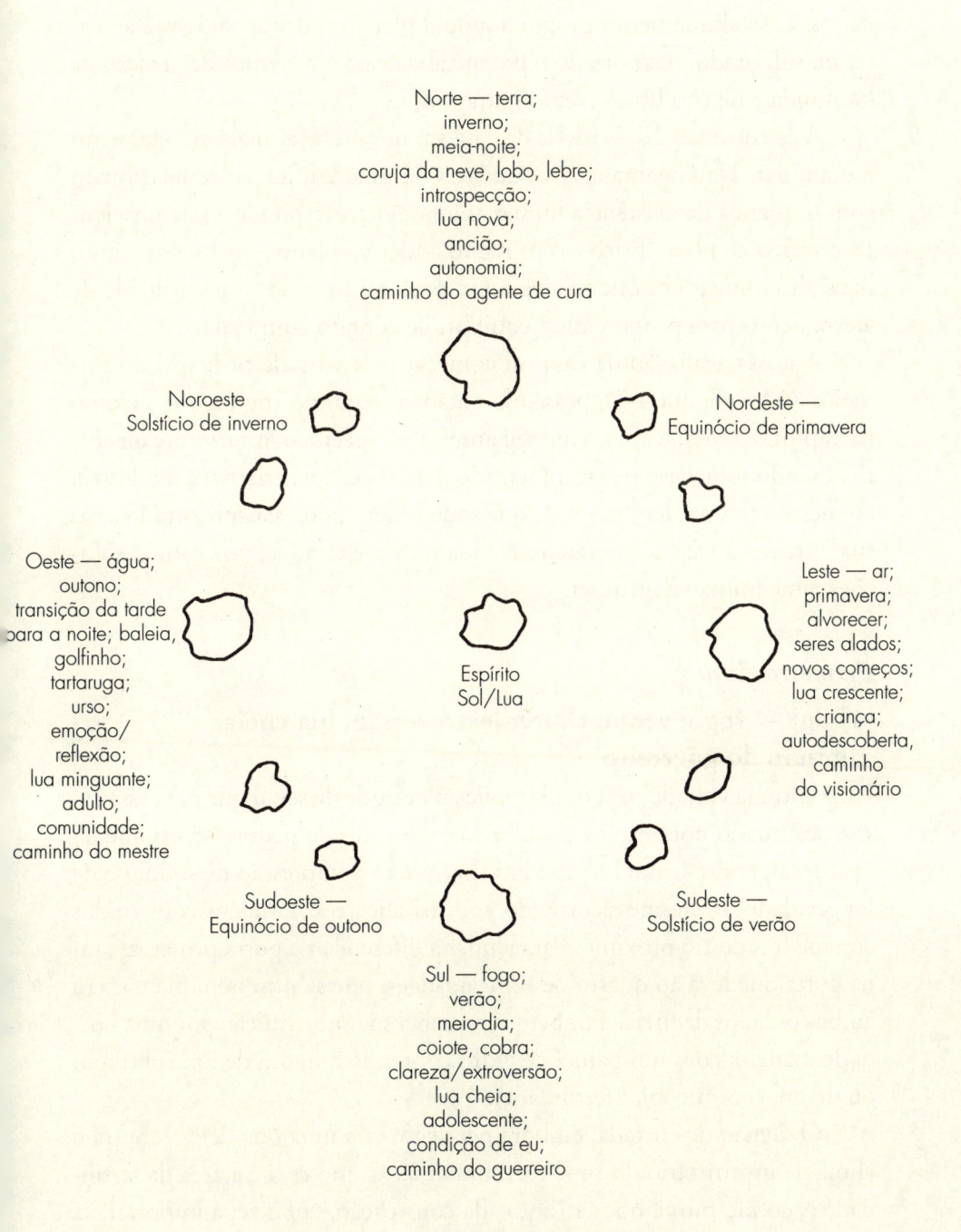

Figura 4-1 — Roda de cura americana nativa

deiros. Esse alinhamento proporcionou a plena exposição sudoeste ao calor do sol, tendo maximizado o potencial da casa em termos de geração de harmonia e de equilíbrio (ver a figura 4-2).

A estrutura em dois níveis da casa vai nos oferecer mais um elemento a examinar. Na Gaiamancia, os andares de uma edificação se relacionam com os planos da existência humana: o porão corresponde ao inconsciente, o térreo ao plano físico e o primeiro andar ao plano espiritual. Quanto mais alto o lugar em que se vive no imóvel, tanto maior a necessidade de aterramento para proporcionar equilíbrio e contato com Gaia.

A nossa avaliação da casa vai começar pela entrada principal do primeiro andar (figura 4-3), passando então ao segundo (figura 4-4). Como no capítulo 3, tenha em mente seu ambiente específico, e aprimore ou corrija usando soluções que façam sentido para você. Seja criativo e jubiloso e, ao mesmo tempo, lembre-se de que todo objeto pode ser substituído se as suas circunstâncias se alterarem. A vida nunca é estática; por isso, as soluções também não devem ser.

Primeiro Andar

[1] Sul — fogo; verão; clareza/extroversão; lua cheia; caminho do guerreiro

Uma entrada voltada para o sul implica plenitude de ser, o que para essa casa é acentuado por amplos e acolhedores degraus de pedras do rio que levam ao alpendre frontal. As pedras do rio dão a impressão de solidez e de longevidade, o mesmo ocorrendo com os alicerces, também construídos com pedras do rio próximo. Para ajudar a diferenciar a porta principal [1a] da porta que leva ao quarto de brincar, sugeri que se pusessem plantas em ambos os lados daquela. Também aconselhei sua substituição por uma porta de madeira com um painel de vidro contendo a figura de um sol (fogo) ou de uma cornucópia (fertilidade).

O saguão de entrada, embora pequeno, cria uma boa defesa contra o clima de inverno frio do sopé da montanha. Como essa é a área da fertilidade e, ao mesmo tempo, a "boca" da construção, enfatizei a importância de introduzir ali matizes do ouro e outras cores ricas.

A RODA DE CURA AMERICANA NATIVA

Norte
terra;
inverno;
meia-noite;
coruja da neve, lobo,
lebre;
introspecção;
lua nova;
ancião;
autonomia;
caminho do agente
de cura

Noroeste —
Solstício de inverno

Nordeste —
Equinócio de primavera

Oeste —
água;
outono;
transição
da tarde
para a noite;
baleia, golfinho,
tartaruga, urso;
emoção/reflexão;
lua minguante;
adulto;
comunidade;
caminho do
mestre

Espírito
Sol/Lua

Leste — ar;
primavera;
alvorecer;
seres alados;
novos começos;
lua crescente;
criança;
autodescoberta;
caminho do visionário

Sudoeste — Equinócio
de outono

Sudeste —
Solstício de verão

Sul
fogo;
verão;
meio-dia;
coiote, cobra;
clareza/
extroversão;
lua cheia;
adolescente;
condição de eu;
caminho
do guerreiro

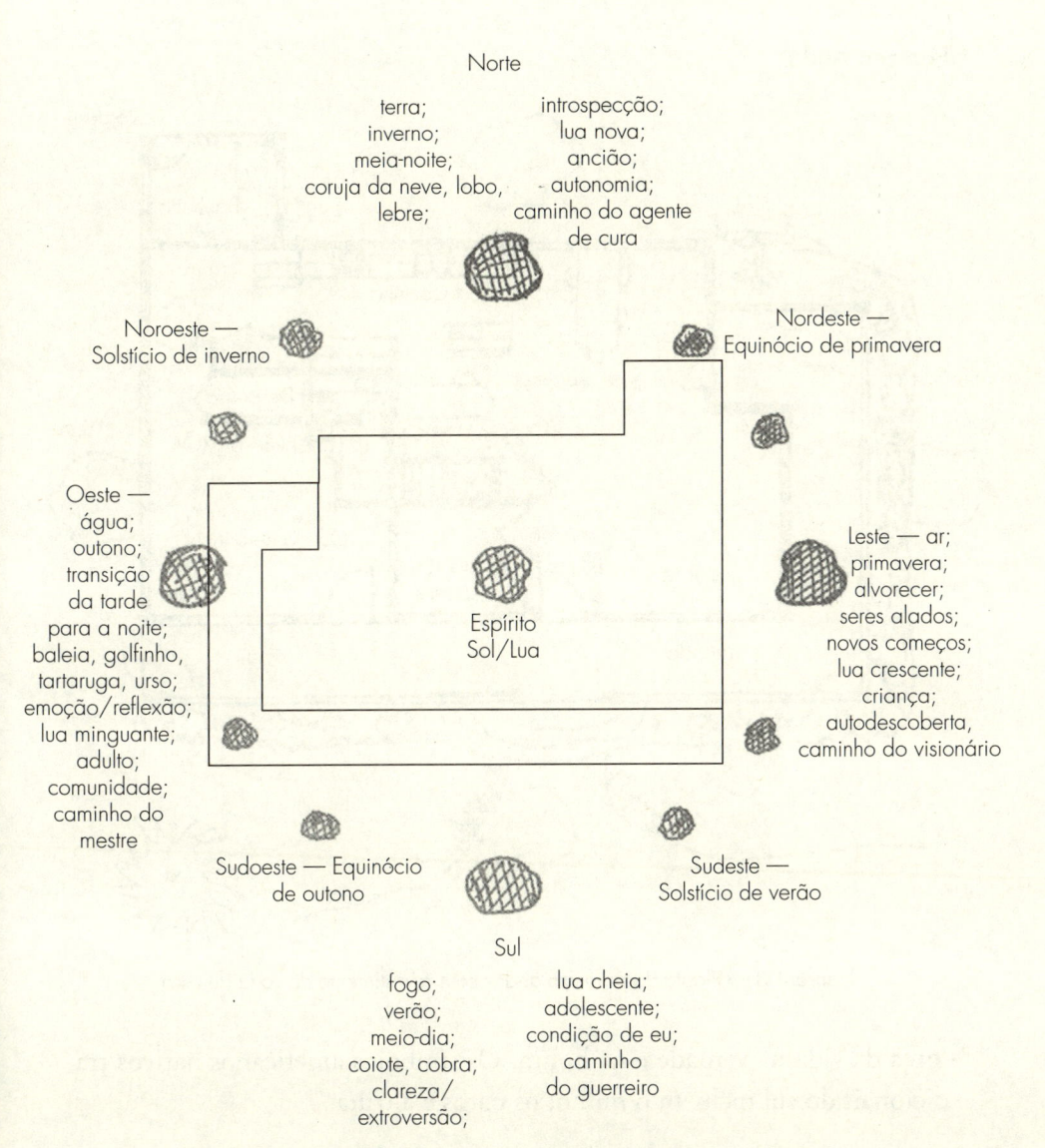

Figura 4-2 — Planta de casa com roda de cura americana nativa

O quarto de hóspedes [1b] também está no lugar do sul. Recomendei, nesse caso, o acréscimo de um quadro ou objeto que represente o caminho do guerreiro — caminho não de batalha e de carnificina, mas de coragem, de integridade, de busca da verdade e de clareza para seguir o curso escolhido. Mesmo uma pedra imbuída de intenção poderia incrementar a

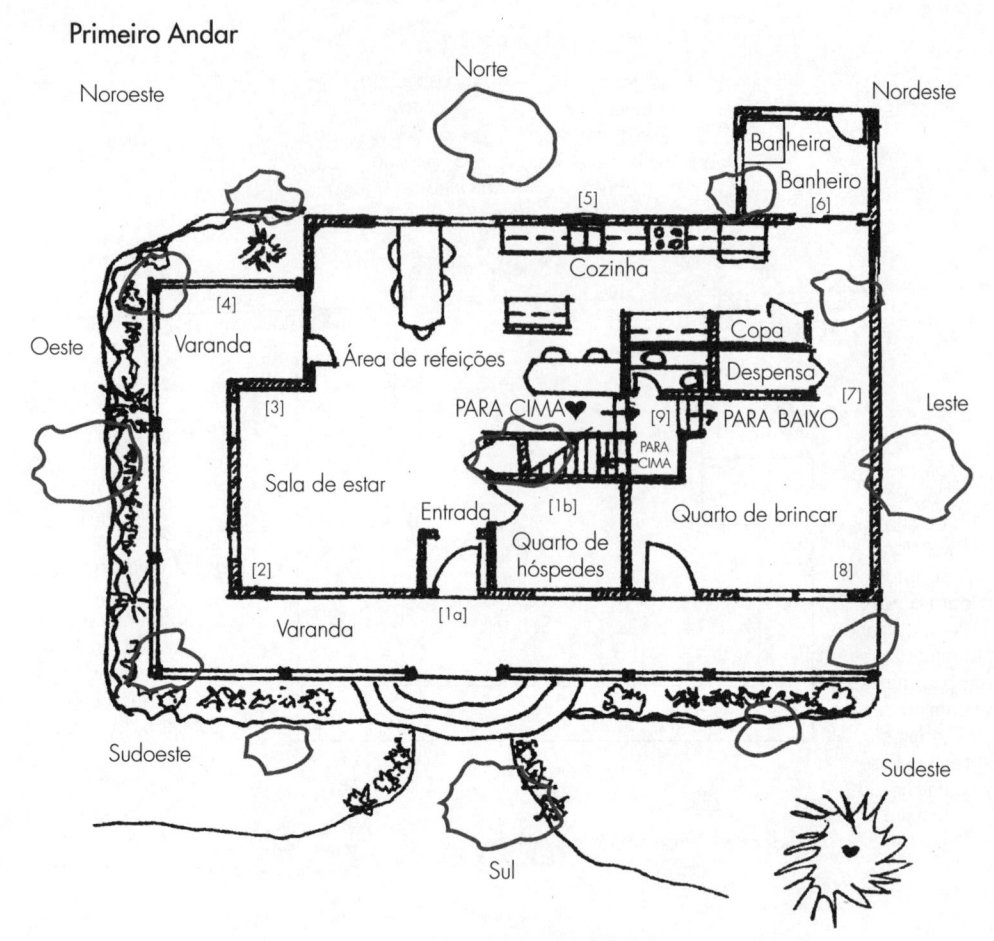

Figura 4-3 — Planta do primeiro andar com revestimento da roda de cura

força da vida na verdade e na honra. Os símbolos americanos nativos tradicionais do sul incluem o milho, os patos e a truta.

[2] Sudoeste: equinócio de outono (21 de setembro), lua minguante do terceiro quarto

A sala de estar ocupa o lugar do crescimento, da auto-expansão e do amadurecimento sadio. Para celebrar esses atributos da colheita, propus que se acentuasse essa parte da sala com fotografias da família. Como havia adolescentes na família, sugeri que se adicionassem flores em botão a fim de

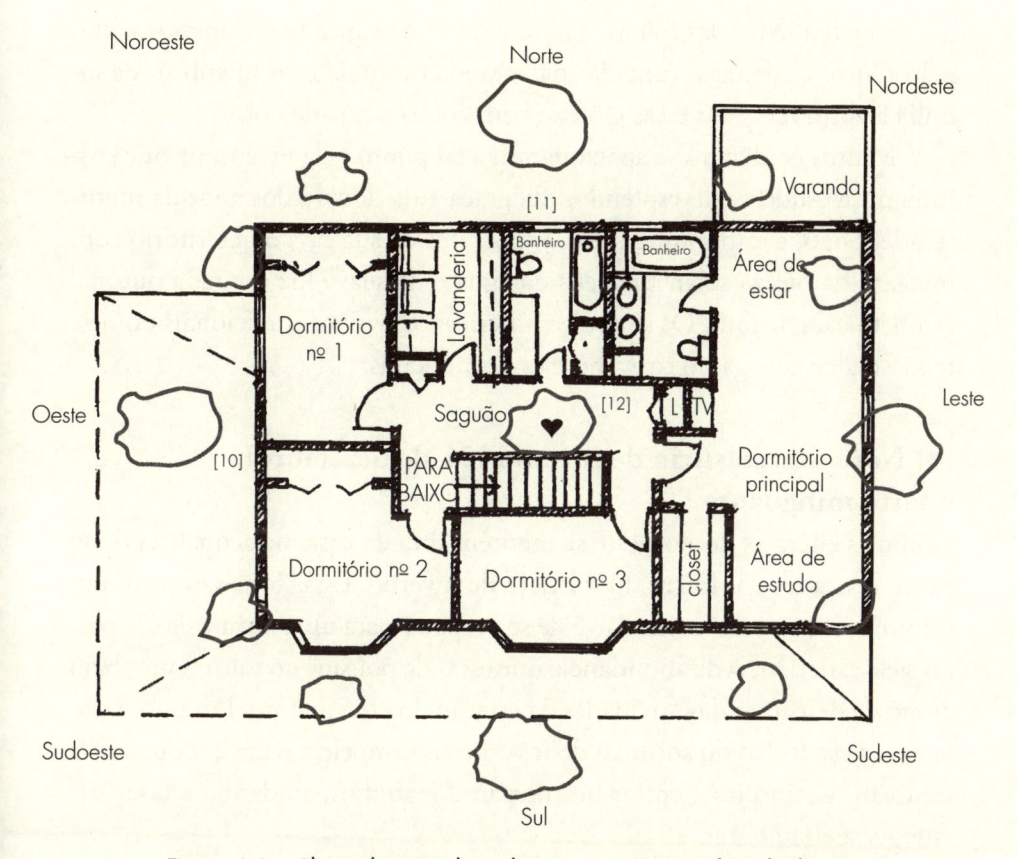

Figura 4-4 — Planta do segundo andar com revestimento da roda de cura

aprimorar a caminhada deles para a condição de jovens adultos. Esse é o lugar das reuniões familiares e do reconhecimento das dádivas que alimentam todos os moradores da casa. Os símbolos americanos nativos tradicionais para o sudoeste incluem o cervo, o salmão e o urso pardo.

[3] Oeste: água, outono, emoção/reflexão, meia lua minguante, caminho do mestre

A sala de estar se estende para oeste, o lugar da condição de adulto, da força e da comunidade. Fazer que a varanda circundasse a casa até essa parte foi uma excelente idéia, pois isso convida os membros da família a refletir sobre a reunião à luz das estrelas, imergindo na abundância do outono —

o avermelhamento das folhas, a secura do ar e os picantes aromas trazidos pelo vento. Cadeiras arrumadas na varanda estimulam os membros da família a absorver todas essas glórias, bem como o pôr-do-sol.

Muitos ocidentais se apaixonaram a tal ponto pela juventude que costumam se esquecer do esplendor, da graça e da doçura dos anos da maturidade. Logo, é importante celebrar essa área da sua casa ou escritório com imagens da beleza solar. Imagens da água e da suave luz dourada outonal também cabem aqui. Os símbolos americanos nativos tradicionais do oeste são o alce, a baga do carvalho e as dormideiras.

[4] Noroeste: solstício de inverno (21 de dezembro), quarto minguante

Como as energias do noroeste se mantêm fora da casa, os ocupantes desta ficam afastados das forças do solstício de inverno. Essas forças evocam um impulso de entrar na escuridão e de se preparar para uma nova vida, de passar pela experiência da abundância que está "de pousio" no solo escuro, bem como de descansar das atividades da estação do crescimento. Em outras palavras, a escuridão do solstício de inverno nos impele a parar e a ouvir. Ela também nos inspira a entrar no mundo dos sonhos, ajudando a fazer sua energia se manifestar.

Quando falei com a família, sugeri a abertura ritualística das portas da sala de jantar que dão para a varanda todos os dias a fim de acolher de volta essas energias na sua vida. Mas as portas estavam trancadas, e com as maçanetas quebradas — situação que requer atenção imediata. Nosso ambiente sempre tem uma mensagem para nós!

Também propus que se pendurassem lanternas na varanda para enfatizar a importância do voltar-se para a luz a fim de se renovar, deixar o passado para trás e encarar o futuro. Sob as lanternas, a família pôs um pote com uma pequena planta perene para representar a vida eterna. Os símbolos americanos nativos tradicionais para o noroeste são a seiva das árvores, a coruja e o urso negro.

[5] Norte: terra, inverno, introspecção, lua nova, caminho do agente de cura

A cozinha ocupa esse ponto, o que é auspicioso em muitos aspectos. De um lado, a calma tranqüilidade da estação ajuda a digestão. Do outro, a cozinha está virada para um panorama que promove a cura plantado de pinheiros — verdes seres "eretos" reverenciados por seus murmúrios à passagem do vento e por seu odor adocicado. Além disso, a família é agraciada pela imagem sempre presente de refeições noturnas preparadas na cozinha ao escurecer, e pelo calor do alimento fundindo-se com aromas de dar água na boca vindos do fogão. Minha única sugestão foi que se atenuasse a rápida passagem de energia pelo ralo da pia enchendo o peitoril da janela com potes de argila com ervas vivas para representar a deusa das plantas da terra. Os símbolos americanos nativos tradicionais para o norte são figuras de histórias, corujas da neve e lobos.

[6] Nordeste: equinócio de primavera (21 de março)

É interessante o fato de haver uma banheira nesse lugar do comecinho da alvorada e do renascimento. Banhar-se ali lembra, pois, o sol prestes a brilhar no horizonte, anunciando a chegada de um novo dia e um renascimento pessoal. O elemento da água alimenta ainda mais a época do florescimento, que nessa paisagem resulta numa abundância de narcisos silvestres, açafrões e grama verde. Os povos animais tradicionais próprios do equinócio da primavera incluem as rãs, o beija-flor e as lontras.

[7] Leste: ar, primavera, novos começos, meia lua crescente, caminho do visionário

Grande parte do quarto de brincar está no leste, o lugar para largar a pele antiga e recomeçar. Aqui as crianças passam tempo umas com as outras e com os amigos. Para suplementar a "energia infantil" que permeia o cômodo, aconselhei que cada membro da família contribuísse com um item que representasse um projeto que cada qual esperava realizar. Considerando a significativa quantidade de calor gerada pela energia juvenil, o fogão a lenha poderia talvez "esquentar as coisas" em demasia; para equilibrar o fogo e sustentar relações harmoniosas, sugeri o acréscimo de símbolos das outras três direções primárias. Os povos animais para essa área são o falcão, a águia, os castores e os ursinhos.

[8] Sudeste: solstício de verão (21 de junho), lua crescente do terceiro quarto

O quarto de brincar alcança o sudeste, a parcela da roda de cura que celebra o dia mais longo do ano, festejado há milhares de anos como a ocasiões da semeadura tardia. Esse tempo de mudança de estações foi registrado pelo Obelisco do Sol, no Chaco Canyon do noroeste do Novo México — uma das muitas maravilhas que atestam a mudança que ocorre nos padrões do sol na metade do verão. O quarto de brincar, cheio da energia que vem dessa mudança, é o lugar da promoção das relações familiares de uma nova maneira. Alterações na dinâmica familiar, bem como na dinâmica do cosmo, são parte da roda da vida, sendo a nossa tarefa a de aprender a fluir com elas e a evoluir sem temor.

[9] Centro: coração, sol e lua juntos

O coração da casa tem de ser, como o coração físico, forte, regular e capaz de manter uma circulação saudável. Mas, nessa casa, ele não o é, porque a ação é comprometida pelo tráfego de um lado para outro no saguão e pelo movimento de sobe-e-desce nas escadarias. Essa energia em fluxo rápido pode contribuir para o nervosismo, a insônia e a palpitação cardíaca. Há assim necessidade de símbolos de energia constante e assentada nas paredes, como fotografias de montanhas ou imagens de serenidade, de paz e de beleza.

No centro da minha casa, por exemplo, há a litografia de uma pluméria lei em forma de coração arraigada na areia na extremidade da arrebentação. Essa imagem para mim é de equilíbrio e adaptação: a lei exemplifica o espírito das boas-vindas e da hospitalidade encarnado no aloha, com sua forma de coração revelando beleza e graça; a aromática pluméria me lembra o coração quente do Havaí, e a praia arenosa me lembra o saudável ciclo de expansão/contração da vida.

O banheiro no centro da casa nas Sierra Mountains é tão problemático quanto o saguão central. Os canos podem "drenar" a energia vital da área do coração; entupimentos, vazamentos ou gotejamentos podem também produzir efeitos negativos. Plantas — ou figuras de plantas ou de flores — tanto elevam a energia nessa área como promovem a boa saúde.

Segundo Andar

Esta parte da nossa avaliação só vai abordar as áreas desequilibradas na planta baixa do segundo andar. (Veja a figura 4-4.)

[10] Oeste

Esse lugar de reflexão, situado entre os dormitórios nº 2 e nº 1, está "perdido no closet". A fim de atrair suas influências para a vida no segundo andar, recomendei que se pendurasse uma figura de água, de golfinhos ou de um pôr-do-sol na parede do corredor.

[11] Norte

A lavanderia e os dois banheiros que ocupam essa área sugerem que a sabedoria de cura dos anciãos está "descendo pelo ralo". Para contrabalançar esse efeito, sugeri que se pusesse em cada um desses cômodos ao menos uma imagem forte, que eleve, como a de um pássaro; águias, falcões de rabo vermelho e corujas, por exemplo, têm suficiente poder alado para contrabalançar forças que atraiam para baixo. Como todos esses cômodos têm janelas que se abrem para a face norte, plantas que gostam de pouco sol ajudam a absorver o excesso de umidade ao mesmo tempo em que evocam a promessa da cura. Sendo o segundo andar o nível espiritual da casa, a energia angélica ou de um avatar também teria eficácia aqui, como é o caso de imagens do Buda, de Maria, de Quan Yin, de Jesus, dos santos ou de qualquer outro ser divino.

[12] Centro

A área do coração, composta por corredores e escadarias, está mais uma vez comprometida. Como a energia aqui precisa ser assentada e equilibrada, aplicam-se as mesmas soluções antes apontadas — ou seja, imagens de montanhas, de pedras, de objetos em forma de coração, e mesmo de pirâmides.

CAPÍTULO CINCO

A Roda Celta

I arise today through the strength of heaven,
light of sun, radiance of moon,
splendor of fire, speed of lightning,
swiftness of wind, depth of sea,
stability of earth, and firmness of rock.

— ANTIGO POEMA IRLANDÊS

[Levanto-me hoje por meio da força do céu,/da luz do sol, da radiância da lua,/do esplendor do fogo, da velocidade do relâmpago,/da rapidez do vento, da profundidade do mar,/da estabilidade da terra e da firmeza da pedra.]

Os celtas têm sua origem em partes da Espanha, da Península Ibérica, da Suíça, da Alemanha e da Itália, tendo começado a migrar em grande número para as Ilhas Britânicas entre 2000 e 1200 A.E.C. Com a passagem do tempo, alemães, saxões e anglo-saxões os expulsaram da área hoje conhecida como Inglaterra e, como resultado disso, a maioria das pessoas de linhagem celta vive hoje na Irlanda, na Escócia, no País de Gales, na Ilha de Man, na Cornualha e na Bretanha.

Uma Breve História dos Celtas

A palavra *celt* (pronunciada como k) designa em grego o estranho/estrangeiro, mas para os romanos significava bárbaro. Um relato do historiador Plínio datado do século I A.E.C. fala do encontro entre legiões romanas e celtas ainda existentes na Europa. Os etruscos, no norte da Itália, tinham pedido a proteção de Roma contra os celtas depois de os romanos terem rompido um tratado que garantia uma trégua. Na batalha que se seguiu, o enviado de Roma, Quinto Fábio, matou um líder celta, e os celtas pediram justiça por causa disso. Como esta não se fez, eles marcharam contra Roma, sitiando a cidade durante sete meses — uma campanha tão bem-sucedida, que só chegou ao fim depois de os romanos lhes pagarem mil libras em ouro. Essa série de eventos constituiu a pior derrota que os romanos já tinham conhecido, o que valeu aos celtas o respeito como guerreiros e desencadeou contra eles uma *vendetta* romana que durou um século.

Bem antes de o cerco de Roma ocorrer, e mesmo bem antes de a primeira onda de celtas ter deixado sua terra natal na Europa Central, as Ilhas Britânicas eram ocupadas pelos picts — um povo de pequena estatura, menos agressivo — e pelos tuatha dé danann, "povo da deusa Dana", que segundo se acreditava eram capazes de ultrapassar as dimensões do tempo, do espaço e da matéria. Os picts eram, segundo alguns historiadores, o "povo pequeno" das lendas. Afirma-se que os tuatha dé danann, seres humanos altos e esguios de grande força, habilidade aprimorada e espiritualidade superior, casaram-se com celtas que ali chegaram, o que produziu a fusão da sabedoria e dos costumes dos dois povos. Os tuatha dé danann são considerados o quarto grupo a invadir as Ilhas Britânicas, e os celtas, ou povo gaélico, o quinto. Dentre as habilidades dos celtas estavam as artes mágicas, a bruxaria e a metalurgia, como o evidencia a variedade de complexos e belos artefatos seus. Na verdade, sua capacidade artística, seu conhecimento e suas práticas espirituais rivalizaram, ao que se diz, com os das culturas orientais e africanas suas contemporâneas.

Foram reveladas mais informações sobre a história dos celtas por meio do contato com outros reinos, mas os historiadores desconfiam dos conhecimentos a que se chega por meio desses métodos não ortodoxos. Mas de fato sabemos que os druidas — poetas, mestres, filósofos, juízes, doutores e músicos das tribos celtas — eram extremamente bem educados. "Graduados" de escolas para poetas, conhecidos como xamãs, eles eram aprendizes durante um período de doze a vinte anos antes de ir para comunidades praticar suas artes. Ao contrário dos cientistas, que observavam sistematicamente os elementos, ou dos mágicos, que liberavam os seres dos elementos, esses xamãs *trabalhavam com* os elementos, estudando-os escrupulosamente depois de capturarem o seu ser.

Vim a compreender essa maneira xamânica de conhecer primeiro quando criança e, mais tarde, por meio de um treinamento mais formal. O conhecimento, nesses termos, advém do fato de se ter uma *experiência da realidade interior* do elemento, da árvore ou do animal considerado. Por exemplo, se eu quero compreender um corpo de água particular, torno-me parte dele; a partir da minha interconexão com a água, penetro na sua estrutura molecular. Não se trata de contemplar a água e visualizar a sua composição; é algo que envolve, em vez disso, mudar a forma para a dos próprios átomos. (Para uma introdução simples a esse método de aquisição de conhecimento, ver a prática 5 nas páginas 112-3.)

A profundidade de compreensão que se alcança por meio do xamanismo celta reflete-se nos padrões e entrelaçamentos complexos de sua arte metalúrgica, que forma na Gaiamancia a base da roda celta (ver figura 5-1). Essa roda particular foi adaptada do nó revelado em *The Book of Kells*, escrito no século XII. Os atributos vinculados com cada uma das direções exigiram um trabalho mais intuitivo de "montagem" do que os requeridos quer pelo ba-guá ou pela roda de cura, porque na China foram escritos tratados desde o começo e, nos Estados Unidos, foram transmitidos em forma ritualizada, ao passo que, no mundo celta, permaneceram mais escondidos. Alguns desses atributos advêm de artefatos; outros foram inspirados por lendas e narrativas celtas registradas pela primeira vez por monges cristãos celtas nos anos 1200. O mais famoso registro, *The Book of Ballymote*, escrito nos anos 1300, sugere — algo com que concordam os arqueólogos — que os celtas viviam em grupos tribais extremamente coesos em tal harmonia com a terra que a seu ver não havia separação entre a natureza e as pessoas.

A RODA CELTA

Norte
Solstício de inverno
Terra (pedra)
Caminho da iniciação
Pedra de Falias
Sorveira brava
Corvo.

Noroeste
Celebração de Samhain
Caminho da Introspecção
Abeto [Pinheiro]
Salmão

Nordeste
Celebração de Imbolc
Caminho do renascimento
Bétula
Cervo

Oeste
Equinócio de outono
Água,
Caminho da integralidade,
Caldeirão de Murias
Amieiro
Lontra

Centro
Começo e fim
Sabugueiro

Leste
Equinócio de primavera
Ar
Caminho da flexibilidade e da fluidez
Lança de Gorias
Salgueiro
Lebre

Sudoeste
Celebração de Lugnasadh
Caminho da auto-expansão
Aveleira
Foca

Sudeste
Celebração de Beltaine
Caminho da abertura
Carvalho
Abelha

Sul
Solstício de inverno
Fogo
Caminho da fertilidade e da harmonia
Espada de Fínias
Macieira
Cavalo

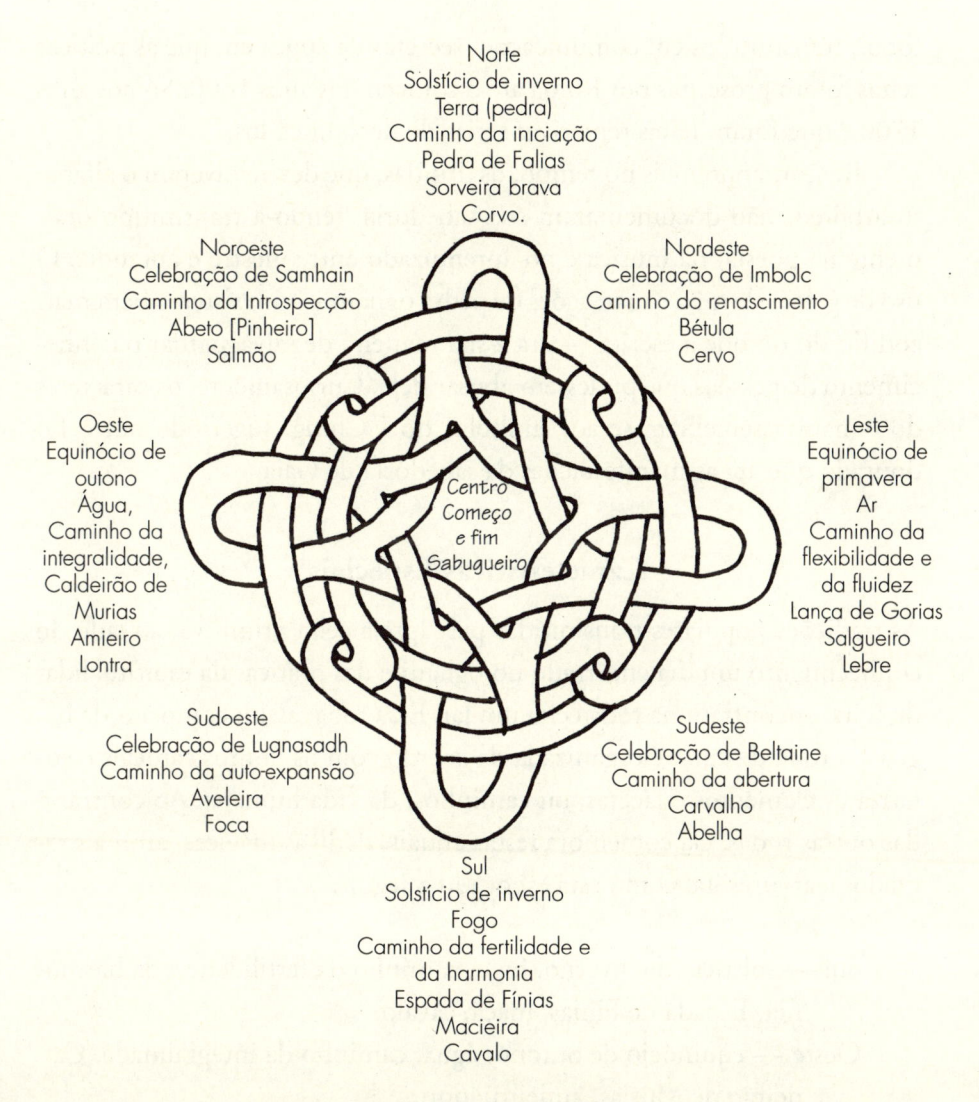

Figura 5-1 — Roda celta

Os próprios celtas transmitiram suas práticas por meio de uma coleção de símbolos escritos conhecidos como ogham — um sistema binário de linhas com 25 caracteres no qual cada combinação representa uma árvore ou planta. Esse alfabeto arbóreo era usado para a adivinhação, para buscar orientação e como artefato mnemônico semelhante à escrita pictórica dos hieróglifos egípcios. Os caracteres altamente simbólicos do ogham foram transmitidos em comunicações secretas da época em que as práticas celtas foram proscritas por Roma até o começo dos anos 1600. Só nos anos 1700 é que foram feitas tentativas sérias de decodificá-los.

Remontando mais no tempo, os druidas, que desenvolveram o alfabeto arbóreo, não documentaram sua sabedoria, tendo-a transmitido oralmente na poesia, na música e no aprendizado entre mestre e aprendiz. O uso de gestos de mão e marcações de pedra ogham — um sistema bem mais codificado do que a escrita — era a sua maneira de salvaguardar o conhecimento de pessoas que pudessem abusar dele. Curiosamente, os caracteres do ogham assemelham-se aos símbolos do I Ching, sugerindo outro fio dourado que ata as manifestações da sabedoria de Gaia.

Características Especiais

As tradições populares transmitidas pela Igreja celta primitiva, ao lado do conhecimento um dia encerrado no ogham e das práticas da espiritualidade celta, encontram na roda celta um lar. Essa roda, assim como a roda baguá e a roda de cura, é organizada de acordo com os pontos cardeais e enfatiza os elementos e facetas, ou caminhos, da vida humana. Ao contrário das outras rodas, ela comemora festas anuais, dádivas mágicas, animais sagrados e árvores, tal como está esboçado a seguir:

> Sul — solstício de inverno, fogo, caminho da fertilidade e da harmonia, Espada de Finias, maçã, cavalo.
> Oeste — equinócio de outono, água, caminho da integralidade, Caldeirão de Murias, amieiro, lontra.
> Norte — solstício de inverno, terra (pedra), caminho da iniciação, Pedra de Falias, sorveira brava, corvo.
> Leste — equinócio de primavera, ar, caminho da flexibilidade e da fluidez, Lança de Gorias, salgueiro, lebre.
> Centro — o começo e o fim de todos os caminhos, sabugueiro.

A meio caminho entre cada uma dessas direções primárias há um "ponto de cruzamento" do nó celta. Eles refletem os pontos de transição do ano, momentos em que a energia se altera.

As festas enfatizadas pela roda celta comemoram o equinócio e o solstício, bem como os pontos de cruzamento. Incluem-se aí as celebrações de Lugnasadh; de Samhain, o Ano Novo e a Festa dos Mortos Celtas; de Imbolc, os Ritos da Primavera; e de Beltaine, o Dia da Primavera.

Cada uma das dádivas mágicas que aparecem na roda foi concedida por um deus ou por uma deusa de uma das quatro grandes cidades dos tuatha dé danann: Finias, Murias, Falias e Gorias. Textos irlandeses antigos descrevem essas cidades como "extramundanas", explicando que a cosmologia dos primeiros celtas consistia num mundo do meio (o mundo físico), em mundos superiores (os mundos de cima) e em mundos inferiores (os mundos de baixo). A Espada de Finias, no sul, assemelhava-se à Excalibur do Rei Artur; seu portador sempre saía vitorioso na batalha. O Caldeirão de Murias, no oeste, proporcionava alimentação sem fim e refletia o futuro. A Pedra de Falias, a cidade mais ao norte, era chamada de Pedra do Destino; sua bola de cristal gigante revelava o passado, previa o futuro e exclamava com voz humana quando tocada pelo legítimo Rei de Erin. A Lança de Gorias, no leste, era a lança de Lugnasadh, apelidada de "braço longo" porque nunca errava o alvo.

As dádivas marciais eram bem mais do que meras armas. Serviam para esclarecer e tornar cristalino. Para nós, assim como para os primeiros celtas, a Espada de Finias pode ser usada para cortar laços que deixaram de ser necessários. Do mesmo modo, a Lança de Gorias pode ser usada para eliminar, num rápido golpe, padrões que interferem em nosso equilíbrio e harmonia.

As árvores, outra característica da roda celta da Gaiamancia, eram consideradas "pessoas" que faziam oferendas prodigiosas. As antigas catedrais celtas eram arvoredos; suas escolas introduziram o alfabeto arbóreo como um código para a recordação de informações complexas; e eles viviam de acordo com um calendário arbóreo construído por volta de 600 A.E.C. Claro que, na época, as Ilhas Britânicas eram cobertas por uma manta de florestas magníficas e de longa duração. Os carvalhos viviam centenas de anos e os teixos, milhares. As espécies selecionadas para a roda celta podem desencadear lembranças do conhecimento que os antigos detinham, ao mesmo tempo em que transmitem importantes lições de respeito e de honra, assim como na calma arte de ouvir.

Seus nomes em português e em gaélico, ao lado de suas propriedades, são os seguintes:

Macieira (*Quert*) — uma planta que contém suculentos e abundantes frutos que se conserva bem no outono e no começo do inverno. Essa planta proporciona tanto alimento como uma folhagem graciosa, servindo à alma de fonte de beleza. *Invoque a macieira pela doce natureza do seu ser e pelas dádivas de abundância e de frutos suculentos.*

Aveleira (*Coll*) — portadora da introvisão. Os druidas — que tanto conheciam os levantamentos, as medições e os cálculos — usavam ramos de aveleira quando procuravam água. Devido à sua natureza maleável, essa planta também está associada com a meditação. *Invoque a aveleira pela capacidade de ver sob a superfície das coisas e para "adivinhar" o verdadeiro sentido de suas emoções.*

Amieiro (*Fearn*) — árvore prolífica, amante da água, que cresce com muito ímpeto. Essa planta, costumeiramente associada com o labirinto, assegura proteção a quem está no caminho da integralidade. *Invoque o amieiro quando precisar de apoio para um rápido crescimento e para preencher um vazio na sua vida com beleza, graça e poderes regenerativos.*

Abeto (*Ailim*) — árvore que alcança grande altura e proporciona efeitos de cura. Essa planta ajuda a capacidade de se elevar acima das características superficiais e alcançar uma perspectiva mais apartada. *Invoque o odoroso abeto quando desejar ir além de uma vida diária apressada a fim de alcançar o sussurro da intuição.*

Sorveira Brava (*Luis*) — árvore com bagas que ostentam uma estrela de cinco pontas, ou pentagrama, antigo símbolo da proteção. Acreditava-se que bosques de sorveira gigante nas Ilhas Britânicas proporcionavam um santuário para o povo encantado. *Invoque a sorveira quando estiver precisando de um guardião.*

Bétula (*Beith*) — árvore graciosa, esguia, dependente de água, capaz de suportar temperaturas extremamente baixas. Os celtas usavam a casca branca dessa árvore de 6 a 9 metros de altura para fazer cestos e para começar fogueiras. *Invoque a bétula para obter assistência na aquisição de sabedoria antiga por meio do processo de purificação do renascimento, que, no nível celular, pode acontecer diariamente!*

Salgueiro (*Saille*) — árvore que viceja perto da água e protege contra a doença ao absorver o excesso de umidade causado pela água parada. No ogham, essa árvore representa os ciclos femininos consagrados à deusa da lua. *Invoque o salgueiro para obter apoio na superação do comportamento e das idéias rígidas, seguir o "fluxo" e manter os pés plantados com firmeza quando os golpes o estiverem atingindo dos pés à cabeça.*

Carvalho (*Duir*) — variedade de crescimento lento, que desenvolve uma raiz principal profunda o suficiente para permitir sua sobrevivência em épocas de seca. Duir significa solidez, e, de fato, essa árvore vigorosa e bela era usada para fazer portas, móveis e muitas partes da casa. *Invoque o longevo carvalho para um apoio constante e profundamente arraigado quando se aventurar numa nova carreira, num novo relacionamento ou em algum outro empreendimento.*

Sabugueiro (*Ruis*) — árvore de casca lisa que atinge, em lugares protegidos, uma altura superior a 56 metros. Conhecido por suas propriedades medicinais e sua capacidade de se desenvolver numa ampla diversidade de solos, essa árvore representa o décimo terceiro mês do calendário ogham e simboliza a regeneração. *Invoque o sabugueiro quando o velho e novo se encontrarem e você precisar de ajuda para se desapegar e dar as boas-vindas.*

Os animais da roda celta são retirados de muitos guias e dos ensinamentos de muitos mestres que atuavam no antigo mundo celta. Estão apresentados a seguir seus nomes em português e em gaélico, ao lado de seus atributos:

Cavalo (*Each*) — um guia para os outros reinos. A deusa celta Rhiannon cavalga um veloz cavalo branco. E há milênios esses animais têm carregado os seres humanos no lombo. *O cavalo vai transportá-lo ao seu destino — seja ele físico, emocional, mental ou espiritual — e ficará ao seu lado como um amigo.*

Foca (*Rön*) — um aliado emocional. As lendas celtas se referem às selchies (sedas), focas que assumiam a forma de mulheres; enquanto estavam na terra, elas guardavam suas peles de foca para voltar facilmente ao mar. *A foca vai ajudá-lo a explorar as profundezas da emoção e a mergulhar, confiante, no grande inconsciente.*

Lontra (*Dobhran*) — a epítome da jovialidade e da alegria. Esse animal transforma qualquer situação numa brincadeira. *A lontra vai ensiná-lo a brincar em vez de ser exageradamente sério, bem como a se "entregar" ao momento.*

Salmão (*Bradan*) — portador de força sustentada. Nas lendas celtas, esse peixe é dotado da capacidade de vencer importantes obstáculos em sua busca da Fonte. *Ardente e intenso, o salmão vai ajudá-lo a alcançar todas as suas metas difíceis.*

Corvo [*Corvus corax*] (*Brän*) — guia para uma voz clara e penetrante. Maior do que seu primo, o grou [*Corvus brachyrhynchos*], esse ser sábio — tal como o coiote, a gaivota e outros que vicejam em nosso meio — costuma ser desvalorizado e não ter reconhecidos os seus dons. *O corvo vai levá-lo ao inconsciente universal e será seu aliado em momentos de trevas.*

Cervo (*Eilid*) — personificação da feminilidade, da graça e da capacidade de disparar incontinenti na corrida. Cernunnos, o Homem Verde do folclore celta, tem chifres como o cervo macho e afirma-se que as pessoas capazes de mudar de forma costumam transformar-se em cervos. *À medida que você se aproxima do coração de qualquer floresta, o cervo vai dar rapidez aos seus passos e ajudá-lo na sua jornada.*

Lebre (*Gearr*) — mestre dos movimentos rápidos e silenciosos. Esse animal, que é maior e mais forte do que o coelho norte-americano, simboliza a criatividade e a divindade. *A lebre vai presenteá-lo com "ovos" de renascimento e de novo crescimento.*

Abelha (*Beach*) — um inseto polinizador que leva a nova vida à expressão. A abelha ajuda na reprodução de plantas que dão flores e trabalha cooperativamente na produção do doce mel. *A abelha vai ajudá-lo a conseguir um trabalho que o mantenha "vibrando".*

Uma Avaliação com a Roda Celta

Usando o revestimento da roda celta, vamos avaliar a planta baixa de um apartamento pertencente a um jovem casal. Ambos os cônjuges têm uma carreira e vêem a casa como um refúgio. As paredes face norte e face sul são partilhadas com os apartamentos vizinhos (veja a figura 5-2).

Entrando no apartamento pela porta da frente, no sudeste, iremos diretamente para o sul e seguiremos a roda no sentido horário (ver a figura 5-3). Tal como antes, tenha em mente sua própria moradia ou escritório enquanto se movimentar por esse espaço.

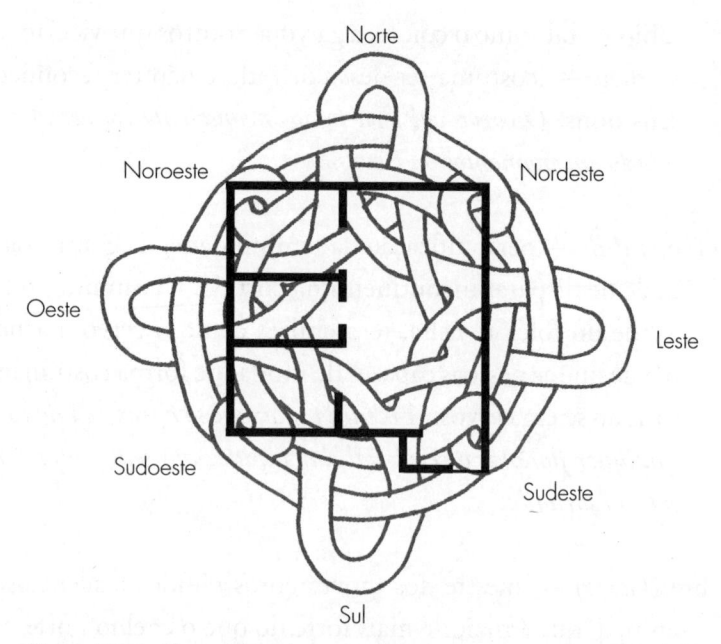

Figura 5-2 — Planta (de apartamento) com revestimento de roda celta

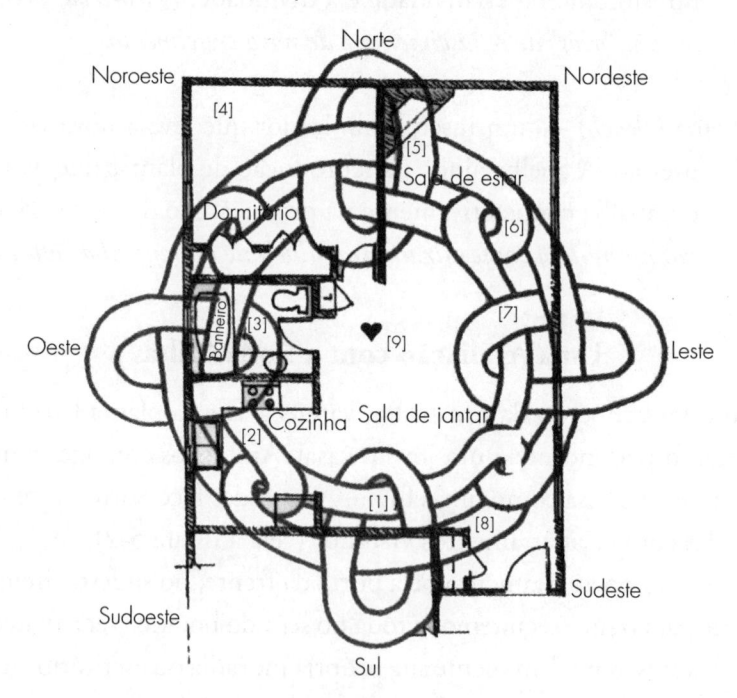

Figura 5-3 — Planta baixa com revestimento de roda celta

[1] Sul: solstício de verão (21 de junho), fogo, caminho da fertilidade e da harmonia, Espada de Finias, macieira, cavalo

Essa área é o lugar em que as sementes crescem em termos de nutrição, de abundância e de sustentação em todos os níveis. O vazio que você vê aqui é problemático, pois o espaço perdido tem de ser recuperado sem infringir a energia do vizinho. Um quadro com imagens de abundância poderia ser útil, mas quadros e espelhos podem criar "janelas" para o outro lado da parede, o que na maioria dos casos não é vantajoso.

Sugeri que se pusesse de encontro à parede partilhada uma pequena mesa contendo objetos que representam a fertilidade e a abundância. O casal desejava pendurar acima da mesa uma cena da natureza. A fim de evitar a criação de uma janela, sugeri que desenhassem um antigo símbolo celta (ver a figura 5-4) no verso do quadro. O símbolo, que originalmente representava a deusa tríplice da espiritualidade, foi mais tarde adotado pela igreja celta como signo da trindade. Esse símbolo

Figura 5-4 — Símbolo celta de proteção

é usado em toda parte em que se precisa de proteção, sendo especialmente benéfico quando se viaja, ou mesmo quando se enviam encomendas.

Dada a falta no apartamento de janelas face sul, recomendei que se ampliasse a intenção de fertilidade com símbolos de uma carreira profícua, porque é por meio do trabalho cotidiano que se obtêm ganhos nos níveis físico, emocional e mental. Imagens que representam a fertilidade e a harmonia podem ser simples como semente de flores num belo vaso. Também se pode invocar aqui a macieira como potente símbolo de vida, assim como se pode invocar o amor, a lealdade e o poder de transporte do cavalo.

[2] Sudoeste: celebração de Lugnasadh (31 de julho), caminho da auto-expansão, aveleira, foca

Essa área marca a época das longas noites de verão, da colheita, bem como da formação marcial e comunitária. Ela também se relaciona com a criação dos jovens, o cultivo de um sentido de trabalho familiar conjunto e de realização de coisas num espírito de cooperação. Trata-se de um lugar perfeito para a cozinha — um cômodo destinado à alimentação da família! A fim de promover ainda mais os efeitos de crescimento e de cooperação, sugeri o acréscimo de objetos que sugiram uma rica colheita, como cestas de frutas, cabaças secas e guirlandas de alho.

O que esse lugar de auto-expansão oferece na sua residência ou escritório? Ele ajuda você a se sentir apoiado, e dando apoio, na vida familiar? ("Família" pode significar você e o seu parceiro, você e seus filhos ou você e seu peixinho dourado ou suas plantas.) Se for necessário melhorar alguma coisa, considere uma imagem da aveleira, uma tigelinha com algumas avelãs ou uma foca esculpida para ajudá-lo a ficar suavemente ao alcance da comunidade.

[3] Oeste: equinócio de outono (21 de setembro), água, caminho da integralidade, Caldeirão de Murias, amieiro, lontra

A estação do oeste se estende do equinócio de outono ao Novo Ano celta de Samhain, celebrado em 31 de outubro. É a época de colher aquilo que se semeou e de se preparar para os meses mais lentos, mais calmos e mais introspectivos da escuridão.

O elemento aqui é a água, sendo esse, por conseguinte, um excelente lugar para o banheiro, cômodo no qual a ordem do dia é se molhar, reduzir o ritmo e se purificar. Banhar-se nessa área do caldeirão equivale a imergir no ventre cósmico, lugar de abrigo do feminino. A fim de ajudar o casal a entrar no caminho da integralidade, aconselhei a colocação de uma tigela com pedras especiais no balcão, enfatizando a sabedoria e o poder de sustentação simbolizado pelo caldeirão da antiga cidade de Murias. Também sugeri que eles recorressem aí à energia do amieiro a fim de contrabalançar as correntes descendentes que passam pelos ralos.

[4] Noroeste: celebração de Samhain (Ano Novo — 31 de outubro), caminho da introspecção, abeto, salmão

A área de Samhain, que marca tanto o Ano Novo como a Festa dos Mortos, serve de lembrete para que nos preparemos para o clima frio e invernoso. Os celtas antigos acreditavam que esse festival introduzia não apenas a "morte" do ano anterior, mas igualmente a sua oportunidade de ajudar os espíritos dos mortos a avançar. Essa assistência era possibilitada por um "atenuamento" dos véus que separam os reinos que acontecia no final do mês que conhecemos como outubro, convidando a comunicação com os ancestrais e com outros seres; os véus atenuados aumentavam a possibilidade de comunicação com os ancestrais e com guias dos outros mundos. Os celtas também consideravam essa a época mais propícia à mudança de forma ou de assunção de formas físicas diferentes como as dos animais.

Como a abertura entre os mundos atemorizava muitos cristãos, o Samhain terminou por se transformar no Halloween, ou Véspera do Dia de Todos os Santos — época de se vestir como esqueleto ou como espectro, que lembram os mortos, e de sair à noite para mendigar nas ruas. No século IX, a Igreja Católica mantinha vestígios do Samhain com sua celebração do Dia de Todos os Santos em 1º de novembro, quando os santos saem à noite para levar os mortos inquietos de volta ao túmulo e os demônios de volta ao inferno, e do Dia de Todas as Almas [Finados] a 2 de novembro, em louvor aos mortos. Hoje, crianças em escolas católicas honram os mortos no dia 31 de outubro: acendem velas na Igreja, vão à Missa, e depois usam roupas assustadoras e saem pelas ruas à noite. A entrada nas trevas dessa maneira simboliza o aprofundamento da introspecção.

O dormitório nesse apartamento tem uma posição perfeita para promover o foco interior do noroeste. Para aprimorar ainda mais a experiência, aconselhei o casal a honrar seus ancestrais colocando nesse lugar sagrado fotos ou objetos que os recordassem, adornando o cômodo com um abeto miniatura a fim de manter os moradores receptivos ao doce sussurro da intuição, bem como pendurando o quadro de um salmão para ajudá-los na superação de obstáculos aparentemente intransponíveis. O caminho da introspecção leva diretamente à responsabilidade pessoal, ao reconhecimento do próprio caráter sagrado de cada um e, em última análise, ao caminho da iniciação, no norte.

[5] Norte: solstício de inverno (21 de dezembro), terra (pedra), caminho da iniciação, Pedra de Falias, sorveira, corvo

Esse lugar de estase, de imobilidade e de silêncio é a casa de Cernunnos, o Homem Verde, também conhecido como o chifrudo, ou Pã. Acreditava-se que ele tivesse vivido muito antes de os seres humanos surgirem no planeta, sendo de outros mundos, ao passo que Falias era dos tuatha dé danann. A palavra Falias vem de Faland, a cidade do extremo norte das Ilhas Britânicas celtas, conhecida como centro de transmissão de sabedoria e de aprendizagem. Assim, o norte é o ponto ao qual nos dirigimos em busca de sabedoria e de conselho, chegando-se tanto a um como ao outro por meio da intuição. Aqueles que encetam a jornada estão no caminho da iniciação.

O norte é um bom lugar para se ter uma sala de estar com lareira. Por quê? Porque o solstício de inverno, o dia mais curto do ano, era aquele em que se acendiam fogueiras para dar as boas-vindas ao retorno da luz, apesar dos meses de frio que ainda se sucederiam. Cercados de conforto, de segurança e de calor, os ocupantes do apartamento podem reunir-se ao redor do fogo para contar histórias, ao mesmo tempo em que destilam centelhas de sabedoria antiga.

Para estimular sua longevidade e dignidade ao envelhecer, aconselhei o casal a invocar a sorveira. Tal como os cedros do Líbano, essas árvores podem ser vistas do mar bem antes de a terra ser avistada. O casal preferiu deixar à vista ali, por sua própria vontade, um quadro com um corvo para proteger sua sala de estar.

[6] Nordeste: festival de Imbolc (31 de janeiro — 1º de fevereiro), caminho do renascimento, bétula

Aqui se emerge das trevas para a luz mais uma vez — passagem comemorada pela Festa de Imbolc, que honra os Rituais da Primavera. O dia seguinte, 2 de fevereiro, presta homenagem a Brigid, filha do Dagda, o deus da terra gaélico pai de todos, conhecida na tradição cristã como Santa Brígida. Símbolo da capacidade da donzela primavera de vencer a bruxa decadente do inverno, Brigid é protetora dos bandos e rebanhos, pois esse momento assinalava o começo da estação de nascimento dos carneiros. As bétulas também são conhecidas por suas qualidades protetoras nesse caminho do renascimento; depois de mortas, elas regeneram a floresta com a riqueza conservada em seu corpo.

A parte da sala de estar que se estende ao nordeste homenageia a chegada da nova luz, das novas idéias e dos novos modos de ser. A fim de acentuar sua característica de refúgio seguro, sugeri seu preenchimento moderado com símbolos de novo crescimento em todas as áreas da vida, bem como a invocação de Brigid para ajudar e curar. O cervo, o benfeitor dessa área, foi evocado a fim de imbuir a área de uma sensação doméstica.

[7] Leste: equinócio da primavera (21 de março), ar, caminho da flexibilidade e da fluidez, Lança de Gorias, salgueiro, lebre

O leste é regido por Gorias, lanceiro de Lug, o deus-sol. O guerreiro que empunha sua lança ganha todas as batalhas em função da certeza de atingir o alvo diante da oposição. Aqui é também o lugar em que a alquimia do metal, tal como configurada na lança, ocorre — o lugar em que os elementos são reunidos para a criação de nova matéria. Mas o elemento predominante para o leste é, contudo, o ar. Flui com o ar da primavera um sentido de *inspiritu*, inspiração, estar no espírito. Nos sistemas divinatórios celtas, esse lugar de emergência dos longos meses de inverno é simbolizado por cordeiros, ovos e pela lebre mágica, prenúncio da primavera.

Como avança na direção leste, a sala de estar se abre para a energia infantil do equinócio de primavera, pleno de nasceres do sol em botão, gloriosos, bem como de esperança para o ano vindouro. Para acentuar o uso das lições assimiladas nessas épocas de escuridão, propus a adição de imagens estimulantes do salgueiro no mundo renascido. Essa árvore pode transmitir lições de manutenção da flexibilidade enquanto se está sob pressão.

[8] Sudeste: festival de Beltaine (1º de maio), caminho da abertura, carvalho, abelha

O sudeste honra a celebração jubilosa, sensual e jovial de Beltaine, ou Dia da Primavera — época de diversão, de dança e sexualidade. O próprio Mastro de Primeiro de Maio demonstra a fusão do fálico e do redondo, combinados por meio das fitas da vida.

Com a sala de jantar ocupando essa área, temos uma perfeita adequação à celebração da radiância de Beltaine por meio de cores e de imagens de dança, de alimentos, de júbilo e de resplendor. Enfatizei o tema das rosas para reverenciar esse caminho de abertura, um período fértil da vida. Aconselhei o casal a invocar a abelha, guardiã do sudeste, a fim de lhes mostrar o caminho para a colméia cheia de mel. Também acentuei a importância de usar a sala de jantar para plantar sementes de idéias e sonhos, dado que nesse lugar eles podem amadurecer.

Na parte sudeste de sua casa você pode querer colocar uma "caixa de sonhos" de carvalho para nela guardar notas com as visões que você gostaria de manifestar. Pode-se contar com o fato de que o sólido e confiável carvalho vai acelerar suas esperanças e seus sonhos. Quando usar esse instrumento, assegure-se de renovar continuamente suas aspirações, mantendo a caixa atualizada.

[9] Centro: coração, o começo e o fim de todos os caminhos, sabugueiro

Aqui reina o espírito. De acordo com a mitologia celta, todo aquele que viajar pelo labirinto aproxima-se do coração da deusa e movimenta a energia estagnada.

Essa tarefa é executada com facilidade com a planta baixa aqui considerada, dado que a área central é sobremodo aberta. Para evitar que o corredor que leva ao banheiro perturbe, sugeri pendurar a imagem de uma floresta numa parede adjacente ou a colocação de uma pequena mesa de madeira encostada nessa parede, representando a Árvore da Vida.

Lembre-se de manter o coração do seu ambiente tão claro e fluente quanto esse. Ao estabelecer a sua intenção de cultivar um coração saudável, sólido e amoroso para o seu lar ou local de trabalho, pense em fazer uma jornada ao coração de Gaia.

PARTE DOIS

Descrição

CAPÍTULO SEIS

Como se Relacionar com os Elementos

Like Merlin
Would I through the forests spin.
What the storms are blowing,
What the thunders rumble,
What the lightnings mumble,
What the trees are speaking
When they're creaking,
Would I, like Merlin, be knowing...

— LENAU, "Merlin"

[Tal como Merlin,/Pelas florestas eu gostaria de girar./O que as florestas sopram,/O que os raios vociferam,/O que os relâmpagos murmuram,/O que dizem as árvores/Quando racham,/Tal como Merlin, eu gostaria de saber...]

Um dos melhores modos de aprofundar o seu trabalho com as rodas consiste em desenvolver um relacionamento com os elementos que estão agindo em cada um de seus segmentos. A maioria das geomancias ocidentais vê os elementos terra, ar, fogo e água como os blocos básicos de construção de toda a vida física em nosso planeta; outras culturas, como a chinesa, adicionam a eles os elementos metal e madeira. Os químicos, depois de decompor os blocos básicos primordiais, chegaram a uma tabela de 106 elementos, cada um dos quais exprime o desejo de unicidade da vida. Esses elementos se compõem de prótons, de elétrons, de quarks e do "nada" que há entre eles, que forma a verdadeira fonte da vida.

Estamos intimamente ligados aos elementos, dado que eles existem tanto dentro quanto fora do nosso corpo. As antigas culturas maias chegaram ao ponto de se referir aos seres humanos como "terra animada". Pensando nesses termos, podemos quase ver os nossos corpos surgir da terra e, átomo por átomo, transmutar-se em carne e sangue — um osso aqui, um nervo ali — enquanto os elementos se formavam a si mesmos em parcelas do organismo humano.

Enquanto se familiariza com os elementos, você pode começar a se perguntar: Estarei tão intimamente ligado ao cosmos? A resposta é: sim. Na verdade, à medida que se desenvolve a sua compreensão dos elementos, é bem provável que você se torne capaz de ver, ouvir e tocar o espírito da terra, do ar, do fogo, da água, do metal e da madeira — seres que, a partir do amor intenso, permitiram que você tivesse um corpo por meio do qual vivenciar a vida na terra. O povo pétreo, o povo vegetal, o povo alado, assim como o povo quadrúpede, também foram criados fisicamente a partir dos elementos, sendo por conseguinte aliados equipados para assistir você em sua busca de equilíbrio e harmonia.

O material apresentado a seguir vai ajudá-lo a se relacionar de modo mais profundo com os elementos. Com o tempo, você poderá sentir de que maneira o ch'i causa um impacto no seu ambiente, afetando em última análise as energias mais sutis do seu ser. Essas sensações podem ajudar a guiá-lo enquanto você reconfigura um cômodo, reorganiza o jardim ou tenta resolver um problema espinhoso na entrada de sua casa. Quanto mais você se deixa informar por eles, tanto mais estará elevando os níveis físico, mental, emocional e espiritual da vitalidade e do bem-estar.

Terra

In clarity of clear crystal
In depth of dark rock
In weight of the world's matter
In moulding silent stone
In bones of the bare globe's darkness
Is built Earth's form.

— LENAU, "Merlin"

[Na claridade do límpido cristal,/Na profundidade da negra rocha,/No peso da matéria do mundo,/Na forma silenciosa da pedra,/Nos ossos das trevas do globo desnudo,/Está embutida a forma da Terra.]

Você sabia que cerca de 33% de todos os seres humanos vivem em estruturas de terra? Ou que os ossos, os músculos, os tecidos e a pele humanos se compõem da mesma substância de que é feita a terra? É por certo tentador aderir à noção dos manuais de acordo com as quais a terra é um corpo inanimado que circula num sistema solar matematicamente organizado desprovido de vida. Mas na realidade estamos vivendo no corpo de Gaia, obtendo de sua profusão de recursos sustento e forma!

Ao desenvolver um relacionamento com o elemento terra, comece religando-se com as forças espirituais de Gaia. Afinal, é com elas que você estará se comunicando ao percorrer a terra que lhe cabe guardar, avaliando seus pontos fortes e fracos. Uma maneira de entrar em contato com o espírito de Gaia é pedir permissão antes de pisar em seu pedaço de chão, tal como o faziam os antigos xamãs havaianos antes de entrar numa floresta ou jângal a fim de "conversar" com o povo verde ou para colher plantas medicinais. Em contrapartida, é importante deixar um pequeno presente, como um punhado de sementes, um fio de cabelo ou mesmo saliva. Observe também essas cortesias comuns ao colher plantas ou pedras ou ao cavar o solo.

O não-estabelecimento desse tipo de relação "toma-lá-dá-cá" pode interferir na sua capacidade de aprender com o elemento terra, como ocorreu com uma mulher que um dia me pediu para fazer uma avaliação da casa em que vivia na companhia do marido. Quando faço uma avaliação, sirvo de mediadora entre as pessoas e seu ambiente, embora a minha intenção seja em última análise desimpedir o caminho. Depois passo várias horas no lar do casal em diferentes ocasiões, ao mesmo tempo em que falo com os espíritos da terra e da casa e com os mentores e guias do casal. Então me sento na companhia do casal a fim de relatar o que descobri e transmitir muitas das sugestões que me foram feitas.

A mulher discutiu comigo sobre cada uma delas. Perplexa, tentei esclarecer as informações, mas de nada adiantou. Percebi que não somente eu fazia todo o trabalho como também ela resistia ao caráter telúrico das minhas interações com o ambiente. Ela chegou a me dizer que todas as coisas da terra eram desprovidas de espiritualidade e que eu devia ir a um reino angélico para obter respostas "reais".

Sempre serei grata a esse casal pela lição que me deu — ou seja, a ilusão do caráter "impuro" da humanidade advém de uma nuvem de obscuridade que tem origem no medo e na ambição do homem, e não de Gaia. O importante é que as respostas que recebi eram reais, e vieram a se mostrar extremamente úteis, tal como o serão as que você obtiver, desde que você honre os recursos que estão na terra sob seus pés.

Além de pedir permissão e de deixar uma dádiva de gratidão, você pode se ligar com a terra por meio da jardinagem. Trabalhar num jardim promove um jeito "zumbidor" de ser. Os movimentos lentos e ritmados ajudam você a entrar num estado de consciência cheio de informações. Quer produza alimentos para a sua família num terreno algo amplo, quer cultive um canteiro de ervas num terreninho na cidade ou mantenha plantas em vasos na varanda do apartamento, sua ligação com a terra pode proporcionar mais do que terra debaixo das unhas; trata-se de algo capaz de deixá-lo cheio de doçura, de prazer e de sabedoria!

Uma terceira maneira de ter acesso a informações imediatas do seu pedaço de terra consiste em colocar no dedo um pouco de terra retirado de um lugar tranqüilo, como a parte de baixo de uma pedra ou de uma árvore e uma quantidade bem pequena dela na ponta da língua. Provar o solo vai indicar-lhe se ele é doce ou amargo, rico em energia ou despojado de suas forças vitais. O uso da língua, com seus confiáveis poderes de discernimento, é uma maneira segura de estabelecer uma ligação celular com a terra e com os espíritos guardiães que nela habitam.

Muitas crianças colocam bons punhados de terra na boca, em geral com grande satisfação. Enquanto eles provam a terra, ávidos para sentir seu vínculo com esse elemento, as mães correm em pânico para fazê-los parar, pondo em atividade um conceito da terra como algo "sujo" e "ruim". Tenho de admitir que também agi assim quando meu filho era pequeno. É preciso um grande grau de autocontrole para evitar contribuir com a disseminação dessa penetrante idéia errônea em nosso meio, mas dar você mesmo suas provadinhas ajuda, além de lhe proporcionar um sentido do mundo que se acha oculto num grão de areia.

Quanto maior a freqüência de suas interações com a terra, tanto maior a probabilidade de que você desenvolva uma relação sensual com o solo. Você poderá vir a amar o cheiro da terra — especialmente depois de uma chuva ou quando se passeia numa mata atapetada por uma rica argila. Você por vezes vai se sentir impelido a se agachar e pegar um punhado de terra, ou passar os dedos pela superfície sedosa ou rugosa de suas partículas. Para algumas pessoas, ver, ouvir, provar, cheirar ou tocar a terra provoca uma experiência de êxtase; para outras, evoca uma profunda sensação de contentamento. Em ambos os casos, o estado de ser resultante desperta uma nova consciência da conexão com esse elemento glorioso. Para aprofundar a harmonia alcançada, trabalhe com a prática 2.

PRÁTICA 2

Ligar-se aos Espíritos da Terra

Eis um ritual que pode ser executado em todo pedaço de terra no qual você habite, seja ele coberto por uma vegetação luxuriante ou por asfalto e concreto: crie um altar para os espíritos da terra. Reverenciados por esse sinal de reconhecimento, de respeito e de boa vizinhança, esses espíritos vão guiá-lo na avaliação da terra e na criação do mais harmonioso ambiente possível. Os espíritos estão ávidos por ser úteis, por beneficiá-lo, beneficiar a sua família ou os seus sócios; eles pedem apenas que você seja um bom vizinho e amigo.

O altar que você fizer pode ser simples como uma pedra ou elaborado da maneira que mais lhe agradar. O que mais importa é a intenção de que você vai investi-lo. Por exemplo, a terra que está a meu cargo é acompanhada por uma variedade de pedras especiais, uma estátua de Quan Yin e um Buda. Você pode preferir para o seu altar uma figura de Maria ou de São Francisco de Assis, ou belas peças de madeira. Seja qual for a sua decisão, invista os objetos de boas intenções; saiba que essas intenções serão reforçadas cada vez que você lançar um olhar sobre eles.

Em vez de usar objetos reverenciados por outras culturas, use aquilo que vibra para você — e confie nos seus instintos! Do mesmo modo como é importante honrar e respeitar os costumes antigos, também é crucial deleitar-se pessoalmente com o vínculo que se estabelece com os espíritos da terra.

Ar

Rolling in air-borne currents
Whirling in hurricane's wrath
Whistling in the winter's wind
Rustling on a breeze's breath
Rushing through the raging storm
Breathes air's freedom.

— LENAU, "Merlin"

[Rolando nas correntes que vêm do ar,/Girando na fúria do tornado,/Assobiando no vento invernal,/Farfalhando ao sopro da brisa,/Rodopiando na tempestade violenta,/Sopra a liberdade do ar.]

O ar é respiração. Sem ele, só podemos sobreviver poucos minutos. O ar que inspiramos fornece o oxigênio que dá vida às nossas células e à nossa corrente sangüínea; o ar que expiramos é uma "devolução" ao cosmos, uma forma de fusão do nosso ser com o de todos os outros.

O ar é igualmente vento, a respiração do planeta. Quando a brisa se acalma, não temos a impressão de que o planeta prende a respiração? Quando o vento está em movimento, por outro lado, tudo pode acontecer: ele pode nos fazer carinho, rodear-nos ou nos desequilibrar. Na maioria das vezes, o vento é amigo dos seres humanos e, quando lhe pedem ajuda, ele coopera. Se você sair para o descampado e começar a falar com o vento, ele pode vir ao seu encontro e tocar com suavidade a sua face, formando um redemoinho à sua volta como um fiel companheiro.

Como o elemento ar é invisível, muitas pessoas têm dificuldade para compreendê-lo. Uma boa maneira de começar a travar conhecimento com ele é observar o vôo dos pássaros. É quase possível ver, em suas asas estendidas, as correntes de ar passando acima e abaixo de cada pena. Os pássaros têm com o ar uma íntima parceria — fato que descubro novamente todos os dias quando viajo da ilha onde moro, que fica a uns poucos quilômetros da costa do estado de Washington. Um dos muitos deleites de viver numa ilha é a necessidade de usar o *ferry-boat* para o continente, e um dos meus maiores prazeres da viagem é observar as gaivotas acompanhando o *ferry-boat* até o seu destino. Enquanto voam à frente da janela do capitão, mostrando o caminho, elas parecem orgulhosas da responsabilidade que atribuíram a si mesmas, bem como jubilosas ao usar as correntes de ar.

Outra maneira de conhecer o ar consiste em respirar de modo mais expansivo. Nós desta cultura tendemos a limitar o fluxo de ar em nossos pulmões com nossa respiração superficial. Os fatores que contribuem para isso incluem o estilo de vida agitado e as roupas restritivas que usamos, como gravatas e colares. Se sentir vontade de respirar mais livremente e ter mais acesso à sabedoria do ar, tente a prática 3. Com a experiência, você poderá tomar uma aguda consciência não só da sua respiração como da do planeta e, é claro, do universo.

Fogo

Fury of enfolding flames
Flight of their dancing forms
Heat of the heaven's sun
Fire of its celestial sphere
And the seed's shoot springing towards the spreading sky
Flame with fire's force

— LENAU, "Merlin"

[Fúria de chamas envolventes/Fuga de suas forças dançantes/Calor do sol do Céu/Fogo de sua esfera celestial/E o broto da semente alçando-se ao amplo firmamento/Irrompe com a força do fogo]

O fogo alimenta o nosso corpo, aquece o nosso hálito, agita o sangue nas nossas veias e regenera nossos trilhões de células. Do fogo originador da criação à chama que une óvulo e espermatozóide no momento da concepção, esse elemento se imprimiu a si mesmo na memória humana. E o nosso conhecimento dele é permanente, porque o nosso planeta, concebido no fo-

> *PRÁTICA 3*
>
> ## Respiração Abdominal Plena
>
> Pratique este exercício todos os dias para aumentar a sua capacidade pulmonar e para entrar em contato com a sua própria respiração.
>
> - Sente-se ereto, com os ombros relaxados. Respire lenta e profundamente, fazendo que o ar passe pelo nariz e vá descendo até alcançar a parte inferior dos seus pulmões, relaxando o abdome por meio do movimento de encolhê-lo.
>
> - Prenda a respiração por uns poucos segundos antes de soltar lentamente o ar, deixando que o abdome volte à posição normal.
>
> - Inspire, prenda o fôlego e expire mais seis vezes. Se em algum momento sentir a cabeça girar, respire normalmente por alguns minutos antes de voltar à respiração abdominal plena.
>
> - Quando conseguir praticar sem nenhuma dificuldade, adicione a seguinte visualização: Imagine que, a cada inspiração, você inspira amor e bênçãos infinitos e, a cada expiração, lance-os no universo como a sua bênção.

go, se remodela continuamente ao lançar fora rocha derretida. Embora o poder que o fogo tem de consumir costume nos assustar, muitas culturas antigas o equiparavam à purificação. Alguns até concebiam o coração humano como um órgão ígneo que bombeia chamas de limpeza para todo o corpo.

Aprendi sobre a capacidade de purificação do fogo no verão de 1995, quando meu pai faleceu e foi cremado. Voltei para casa, vindo do funeral, e me vi responsável por uma enorme queimada na terra de que estava cuidando. O terreno bem arborizado estava sendo limpo para nele se construírem prédios e um espaço cerimonial. Enquanto o fogo ardia, eu dançava com os elementos — o fogo atingindo altíssimas temperaturas, o ar a alimentá-lo enquanto gerava energia própria, a terra sustentando-o e mantendo-o contido, a água chiando na madeira. O fogo às vezes ficava tão quente, que eu lhe pedia que, por favor, se acalmasse, e ele se mostrava bastante atencioso. Enquanto cuidava da queimada, durante quatro dias e quatro noites, criei laços com o elemento fogo e comecei a lançar nas chamas antigas emoções e ressentimentos reprimidos. Cheguei a dançar com a água que espalhei ao redor para evitar que as chamas se espalhassem. Enquanto os via sendo consumidos e transmutados, tive uma profunda sensação de alívio. Essa experiência foi duplamente curativa, dado que eu tinha medo do fogo quando criança, pois me queimei bastante numa ocasião aos dois anos de idade.

Para descobrir por si mesmo o extraordinário espírito do fogo, invoque o poder de Pele, deusa havaiana do fogo e dos vulcões. Procure a assistência dela sempre que precisar de uma intensa energia purificadora para queimar o "lixo" emocional. Mas tome cuidado! Pele, além de transmutar a vida velha em nova vida, também é uma protetora implacável — como o descobrem muitos viajantes quando levam para casa suas rochas de lava. Todas as semanas, os órgãos de turismo havaianos recebem centenas de quilos de pedras de lava devolvidas!

Outro modo de sentir o espírito do fogo consiste em respirar nas mãos em concha e sentir as "chamas" da respiração; ou tente ficar parado ao calor do sol. Quando o fizer, assegure-se de dar graças pelo apoio à vida que esse ser ardente nos dá aqui em Gaia.

Água

> The leaping, lashing ocean's swell
> The lapping, lulling ripple's wash
> The glistening, swirling rapid's flow
> The tumbling, twinkling, falling drops
> And the still lake's sunlit silence
> Weave the water's world.
>
> — LENAU, "Merlin"

[O impetuoso e cortante refluxo da maré montante/A carinhosa e acolhedora lambida da maré vazante/O resplendente e girante fluir da cachoeira/As descendentes, cintilantes, cadentes gotas/E o silêncio banhado em sol do lago imóvel/Urdem o mundo da água.]

A água é outra velha companheira nossa. Entre 75 e 90% do corpo humano são formados por esse elemento; além disso, vivemos num planeta para o qual a água é vital. O movimento das marés, as correntes oceânicas, os rios e cursos de água não diferem em nada, nesse sentido, do ir e vir dos fluidos em nosso corpo. A água também nos purifica e unge, primeiro quando somos recém-nascidos e mais uma vez quando morremos.

Eu, por exemplo, só raramente vivi mais de algumas horas de um corpo aquoso. Cresci à margem do Pacífico e, depois, vivi perto do Atlântico, bem como do mar Mediterrâneo, do mar Egeu, do mar Adriático e do mar Jônico; também estive perto de rios, lagos, regatos e fontes de cura. Na verdade, a maioria das nossas grandes cidades fica à beira-mar ou perto da água. É claro que nossos ancestrais sabiam instintivamente aquilo que a ciência desde então provou, isto é, que a água movente reduz, por meio da atividade iônica negativa, a ansiedade e a depressão, especialmente a depressão do inverno; ela aumenta as capacidades cognitivas e a energia, além de melhorar o sono. A água circulante também melhora a qualidade do ar e ajuda a neutralizar o *stress*, a fadiga, a doença e a perda de concentração, o enfraquecimento do sistema imunológico e outros efeitos negativos dos artefatos eletromagnéticos cuja operação produz uma descarga de íons positivos. Se trabalha na frente de um computador por longos períodos de tempo, por exemplo, você pode dissipar toda letargia ou desorientação resultantes colocando uma pequena fonte em seu lugar de trabalho.

Para aprofundar a sua relação com a água, você sempre pode cuspir; isso pelo menos serve para verificar que o seu "poço" está cheio. Para sentir a influência da água no seu ambiente, relaxe de olhos fechados perto de um poço, de um rio, de um lago ou de um oceano. Inspire as moléculas da água e sinta os sutis efeitos da umidade na sua pele e no seu estado emocional.

Se estiver próximo de ondas calmas, você pode meditar enquanto caminha ou mesmo dormir profundamente. A energia yin da água, embora feminina, afeta de maneira penetrante tanto as mulheres como os homens.

Metal

> Look, it cannot be seen — it is beyond form
> Listen, it cannot be heard — it is beyond sound
> Grasp, it cannot be held — it is intangible.
> These three are indefinable
> Therefore they are joined in one.
> — LAO-TZU (570-490 A.E.C) — Tao Te King

> Olhe, não pode ser visto — está além da forma
> Escute, não pode ser ouvido — está além do som
> Segure, não pode ser agarrado — é impalpável
> Os três são indefiníveis
> Pois [estão unidos em um.]

Comparado com a terra, com o ar, com o fogo e com a água, o metal é menos conhecido dos ocidentais. De acordo com as crenças orientais, o metal é o "rebento" de uma combinação de dois ou mais elementos, sendo esse o motivo de, na roda ba-guá chinesa, as crianças e o metal ocuparem o mesmo lugar. Contudo, alguns metais não são vistos tanto em termos de seu próprio "ser" como nos da própria combinação.

A medicina chinesa apresenta os alquimistas como seres do tipo metal voltados para a observação, o estudo e a análise. E é interessante o fato de os alquimistas da Europa e do Oriente Médio, que trabalhavam com esse elemento, terem a fama de transmutar metais brutos em ouro, ao mesmo tempo em que promoviam a aceleração de processos já existentes na natureza. O metal costuma ser simbolizado, em muitas tradições alquímicas, por uma pedra, uma grande massa de material resistente de onde é extraído, o que lembra a enigmática pedra "filosofal" que os alquimistas europeus da Idade Média procuravam. Era essa "pedra" símbolo de transformação espiritual ou concebida como algo mais tangível, tal como a transmutação em metal da própria terra? Uma maneira útil de conceber o metal é vê-lo como uma síntese do velho e do novo numa criação universal que não se identifica com os dois.

A fim de conhecer melhor a magia desse elemento, segure um objeto de metal e sinta-lhe a textura e a temperatura; cheire-o, encoste-o no rosto. Tente ainda entrar em sintonia com o metal das jóias que usar, bem como com os fechos, zíperes, colchetes e ilhoses de suas roupas. Os médicos chineses acreditam que o metal causa impacto no funcionamento dos pulmões.

Tendo aprimorado suas relações com o metal, sinta-se à vontade para pedir informações a ele. Ao fazê-lo, pergunte ao metal como fortalecer o seu contato com Gaia.

Madeira

Fibres of its roots
Oak tree has unbound,
Spreading underground,
Thousand mouths feed shoots,
Sucking life from secret wells
While the runk to heaven swells.
— LENAU, "Merlin"

[Fibras de suas raízes/O carvalho as tem sem peias,/Espalhando-se sob a terra,/Milhares de bocas alimentam os brotos,/Sugando vida de fontes secretas/Enquanto o tronco se alça ao céu.]

Ainda que não tenhamos a tendência de pensar na madeira como um elemento, nós a conhecemos bem. Milhares de produtos do nosso mundo têm as árvores como origem — da roupa que vestimos às telhas que cobrem a nossa casa e às páginas dos nossos livros.

Duas das mais destacadas características da madeira são a sua capacidade de perdurar sob pressão e a sua flexibilidade. A madeira também floresce a partir do desafio e é impulsiva. A medicina chinesa leva essa compreensão um passo além, ao retratar os seres madeira como desbravadores e aventureiros.

Minha experiência pessoal com a madeira remonta à infância. Dos seis aos dezoito anos, eu passava o verão acampando entre as árvores das Sierra Mountains da Califórnia. Essas árvores foram os avós que eu nunca tive, tendo-me proporcionado um porto seguro e um penetrante sentido de amor. Mais tarde, vivi alguns anos numa cabana feita de toras centenárias na qual aprendi a apreciar o vigor desse acolhedor ambiente. Ao remodelar casas antigas e construir novas, vim a respeitar os "ossos" das árvores, capazes de perdurar centenas de anos, conservando a beleza e entregando-se depois a obras de arte, assim como aprendi a lhes ser grata.

Talvez também você, sentindo a imensa dívida que temos para com as árvores, possa aprender a expressar-lhes a sua gratidão. Você já perambulou por uma floresta cheia de espíritos antigos que dão um testemunho sobre muito mais do que podia imaginar? Já pensou nas árvores como os pulmões do mundo, seres que refrescam a atmosfera enquanto agraciam a terra com a sua dignidade e gentileza? Quanto mais você se comunicar com os espíritos da madeira, tanto maior a probabilidade de eles deixarem você saber que amigos constantes e protetores eles são.

CAPÍTULO SETE

Como Entrar em Sintonia com a Posição do Terreno

*Aqui o vasto Dragão se insinua
Entre os Ursos e como um rio serpenteia.*
— VIRGÍLIO

Além dos elementos, a posição do terreno — a topografia, como se costuma denominá-la — proporciona enormes quantidades de informações acerca de um lugar escolhido e dos efeitos que tem sobre os ocupantes. Os capítulos 3, 4 e 5 falam de passagem de parte da sabedoria que se pode perceber mediante o exame do terreno. Aqui, entraremos em detalhes, explorando formas do terreno e as linhas de energia que por elas passam.

Formas de Terreno

Os geomancistas chineses antigos, os americanos nativos e celtas, bem como os de outras nacionalidades, costumavam ver características de seres míticos na terra que examinavam. Dependendo de sua forma, um lote de terra era com freqüência considerado um animal mitológico ou um espírito. A Gaiamancia não requer nenhuma familiaridade com essas associações;

basta que você pergunte à própria terra sobre sua natureza e características. Quando interrogada respeitosamente, a maioria dos espíritos da terra terá prazer em partilhar informações.

Você pode ficar sabendo, por exemplo, que um terreno plano com pouca variação tem energia calma ou estática, e que um lugar marcado por colinas e vales é mais intenso em termos energéticos. Os indícios transmitidos pelos espíritos da terra ou revelados pelos contornos do terreno vão fazer que você saiba se a sua casa ou local de trabalho é saudável e trabalha a seu favor. Se não for esse o caso, você pode querer reorganizar o fluxo de energia dele, aprimorar a sua energia ou, se necessário, mudar. Em todos os casos, o seu relacionamento com o ambiente imediato terá sido aprofundado.

Na Ilha Whidbey, que fica a alguns quilômetros da costa de Seattle, Washington, podemos ver um bom exemplo de um terreno em forma de

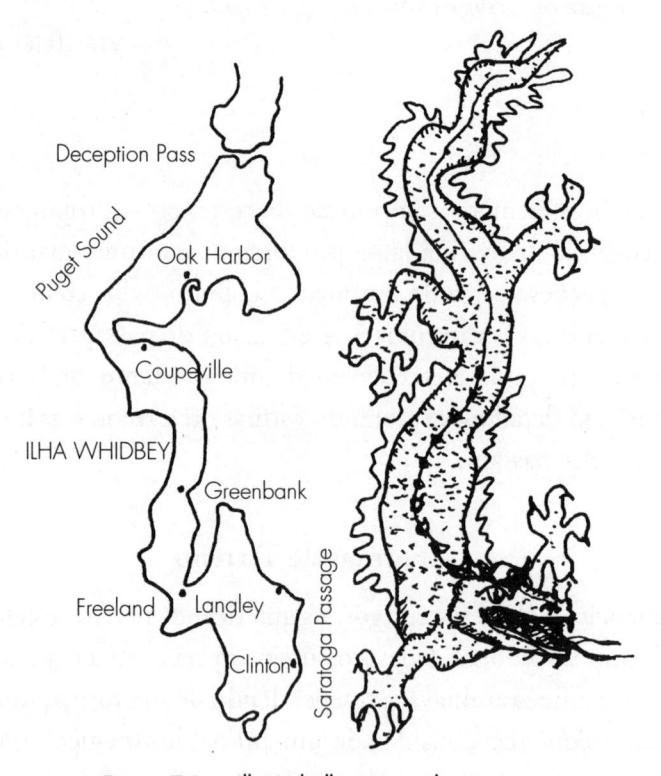

Figura 7-1 — Ilha Whidbey como dragão

dragão (ver figura 7-1). Numa vista aérea, a forma de dragão é evidente: a cabeça do dragão fica no embarcadouro do *ferry* em Clinton, sua cauda se enrodilha na Deception Pass, ao norte, e sua espinha percorre a cordilheira que se estende verticalmente pelo centro da ilha. Em muitas mitologias, o dragão — ou o dragão verde, como costuma ser chamado nas lendas chinesas — é um ser poderoso. Conhecido por sua longevidade e versatilidade, tem a capacidade de viajar pelo céu e pela terra, bem como de transmutar a negatividade por meio do fogo.

Na Ilha Whidbey, o dragão demonstra seus muitos poderes. O lado oeste da ilha é bastante yang. Ali, a terra é exposta a fortes ventos e tempestades que vêm do lado de Puget Sound — passagem de comércio internacional, levando grandes navios para dentro e para fora dos portos de Seattle, Everett e Port Townsend. É claro que a energia que vem desse lado da ilha é extrovertida e voltada para o público, sendo a maioria dos moradores sociável. No lado oeste, esses moradores, cujo foco é para o exterior, estão de frente para Hurricane Ridge, da Olympic Peninsula, uma cadeia de montanhas inerentemente majestática, que exibe ainda mais poder por meio de suas imponentes elevações.

O lado leste da ilha fica diante da Saratoga Passage, cujas águas são calmas, serenas, durante 90% do tempo. A maior parcela do que foram as antigas florestas de Whidbey fica aqui, proporcionando uma forte mas suave energia feminina. As pessoas que vivem nessa parte da ilha são mais reclusas, dirigidas para o interior e reservadas, ficando as casas bem afastadas umas das outras.

Ao longo da coluna central da ilha — a espinha dorsal do dragão —, podem-se ver tanto Puget Sound como Saratoga Passage. As pessoas que habitam essa área energeticamente equilibrada são dinâmicas e capazes.

O espírito do dragão está sempre presente por toda a ilha. Forças e personalidades potentes se evidenciam tão logo se põe o pé na terra, quer se tenha vindo pelo *ferry* de Clinton ou pelo de Port Townsend ou pela ponte que cruza as águas turbulentas de Deception Pass. A ilha tem a capacidade, que semelha à do dragão, de ascender ao céu por meio de prolíficas populações de águias americanas, falcões, corujas e libélulas; a ilha pode igualmente enfurnar-se na terra, como o ilustra a profusa vegetação. A alma profunda e mística da ilha mantém seus habitantes vinculados com a terra e centrados, enquanto suas adjacências transmutam a negatividade por meio da água.

A mitologia havaiana avança nessa perspectiva. Aí, o dragão, conhecido como *mo'o*, tem tido um papel ativo na vida das pessoas, especialmente nas épocas pré-*ali'i*, que remonta a pelo menos o ano 1000 A.E.C. Os *ali'i* eram membros da realeza que surgiu depois da chegada dos polinésios. Atestando o poder sustentador do dragão, a palavra *mo'o* está disseminada pela língua havaiana: *mo'olelo* (história e tradições), *mo'olio* (caminho), *mo'oku'auhau* (cânticos genealógicos), *mo'opuna* (netos), *mo'owini* (visão), e mesmo Moloka'i (Ilha do Dragão).

Representante do tempo, o dragão reverenciado pelos havaianos começa no amanhã (a cabeça), a alvorada do que ainda está por vir (a cauda). Diz-se que seu corpo caracteriza a *o'hana* (a família). Seus pés dianteiros são as *na opio* (crianças), sempre ativas, em movimento, em mudança. Os pés do meio são os *ka makua* (os pais) — a base da família e provedores de alimento, de abrigo e de cuidados. Os pés traseiros são os *kupuna* (os avós), os estabilizadores vigorosos sempre prontos a dar uma mão. Formando a espinha, depois dos *kupuna*, vêm os *ka iwi* (ancestrais), que saíram do corpo e estão disponíveis para oferecer proteção e orientação espiritual. Cada parte, unindo-se ao todo para proporcionar fluidez de movimentos, depende das outras para ter equilíbrio.

As Linhas de Energia da Terra

Muitos tipos de energia passam sob a superfície da terra, ao seu redor e acima dela, o que empresta características peculiares à topografia. Ainda que todos esses caminhos de forças invisíveis sejam gerados pela própria terra, alguns deles sofreram a interferência de civilizações anteriores. As configurações tidas mais comumente como transmissoras de correntes naturais pelo corpo do planeta são as linhas meridianas, as linhas do dragão, as linhas das fadas, as linhas dos espectros e a grade dourada. Apresentam-se a seguir descrições desses condutores de energia, bem como sugestões práticas de trabalhos com eles; para mais informações sobre a análise da terra para fins de localização de linhas de energia, veja as páginas 116-9.

Linhas meridianas

As linhas meridianas são trilhas naturais subterrâneas de energia telúrica. Os sábios de muito tempo atrás, conscientes da existência desses meridianos, buscaram levar ao máximo a sua potência por meio do estabelecimento de contato com elas manifesto na colocação de pedras e de outros objetos na posição vertical, como se pode ver em Stonehenge e em outros antigos círculos de pedra. Da mesma maneira como as represas hoje domam a energia dos rios para gerar energia elétrica, essas pedras outrora foram usadas para aumentar as correntes de energia da terra. Uma vez intensificada, a energia podia jorrar como um gêiser.

Hoje, restam apenas parcelas dessas linhas meridianas intensificadas, algumas das quais podem ser detectadas seguindo-se os caminhos que os animais fazem ou as trilhas feitas pelos caracóis. A notícia triste é que o conhecimento dos meridianos da terra caiu no esquecimento. A boa notícia é: essa sabedoria ainda é acessível, esperando simplesmente que nos lembremos dela por intermédio da renovação da nossa parceria com Gaia.

Linhas do Dragão

Conhecidas na China como *lung mei*, ou trilhas do dragão, essas ondulações do ch'i correm tanto sob a superfície da terra quanto ao longo dela. Como correntes de vento, elas são invisíveis mas fortes o suficiente para afetar profundamente um lugar ou edificação, bem como seus habitantes. As linhas subterrâneas do dragão se comparam com as linhas meridianas: elas podem acumular-se e estagnar, ou adquirir velocidade, levando de roldão tudo o que encontrarem pelo caminho. As linhas da superfície da terra, muitas vezes chamadas de veias, são detectadas com mais facilidade. Algumas se estendem por longas distâncias, ao passo que outras terminam e recomeçam, só podendo ser encontradas aos pedaços. Também encontrei linhas que afloram suavemente e depois terminam de repente, como se tivessem mergulhado na terra. Da mesma forma como você não poria a sua casa ou o seu negócio no meio de um rio, você também não iria querer situá-la ao longo de uma dessas linhas de energia.

Até o século XX, a maioria das edificações chinesas eram construídas de modo a evitar as correntes concentradas de energia que circulam pelas trilhas do dragão. Hoje, em locais em que essa sabedoria foi ignorada, chamam-se os praticantes do feng shui para fazer as correções necessárias. Eles fazem que, por exemplo, uma linha do dragão forte que passe por uma construção tenha a sua rota alterada, em particular quando a linha termina abruptamente. Viver sobre uma linha do dragão que termina de repente seria o mesmo que andar nas proximidades de uma íngreme queda d'água justo no ponto em que o fluxo da correnteza é mais traiçoeiro. Se essa linha passar sob um quarto, é bem provável que o distúrbio se manifeste na forma de padrões de sono perturbados.

Embora seja preferível examinar previamente o local em busca dessas linhas, *podem-se* fazer modificações mais tarde. Quando encontro uma linha do dragão, como ocorreu na casa descrita na figura 7-2, vou ao ponto da propriedade que estiver mais próximo da sua fonte e, usando barras de metal, pedras ou cristais, altero a direção do fluxo da energia a fim de fazê-la passar pelos *lados* da casa; ficando a uma proximidade segura da casa, os dois caminhos eventualmente voltam a se combinar num só.

A maioria das linhas do dragão permite essa mudança de direção. Quando encontro resistência, coloco no lugar uma pedra predisposta a assimilar a energia do dragão, ou então coloco ali a imagem de um ser poderoso capaz de reter e absorver a energia, como Buda, Quan Yin ou Green Tara. Uma imagem de Atlas, com o globo nas costas, também funciona. Ao que parece, cada cultura tem ao menos um herói ou heroína míticos desejosos de tomar a seu cargo a tarefa de reter ponderáveis forças em benefício de um mundo mais equilibrado!

Linhas de Fadas e de Espectros

Quando as fadas dançam ou viajam, as linhas que produzem podem ser dotadas de grande intensidade. Os caminhos de espectros são mais perigosos

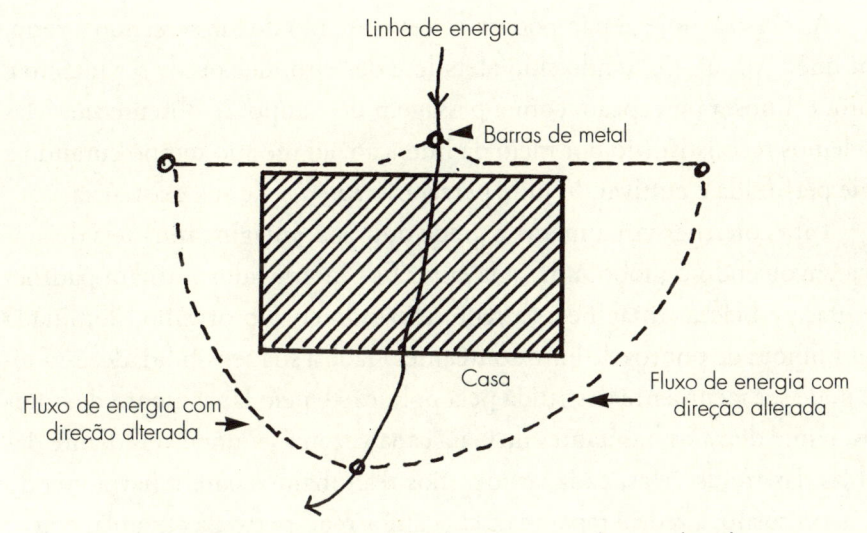

Figura 7-2 — Casa com linha de energia com direção alterada

e, de modo geral, só são percorridos à noite. Esses dois tipos de caminhos tendem a dar voltas ou mesmo a fazer círculos, embora uns quantos sigam em linha reta. Como não é aconselhável obstruir essas linhas quando as fadas ou espectros as estão usando, assegure-se de chamar os guias e mentores para que o aconselhem acerca de como trabalhar com esses seres de modo respeitoso. Se encontrar uma dessas linhas em suas andanças pelo campo, simplesmente afaste-se dela; mas se isso acontecer na sua casa ou escritório, invoque os espíritos da terra, bem como seus seres totens, a fim de ajudar a reorientá-la de modo a dar a volta pela edificação.

A Grade Dourada

A grade dourada é uma imagem que me foi transmitida há muitos anos numa meditação. Enquanto ficava sentada em silêncio, fui informada de uma época em que uma rede visível de fios de ouro circundava a terra, servindo de sistema imunológico planetário. Disseram-me que essa rede participava da manutenção do equilíbrio e da harmonia no planeta. Desde então tenho ouvido outras pessoas fazer referência a um "artefato de harmonização" que um dia ficava ao redor de Gaia, proporcionando paz e segurança a seus habitantes — um fenômeno estreitamente ligado à grade dourada.

As pessoas hoje já não podem ver esse escudo de luz cercando a terra. Por quê? Porque ele, tendo sido afetado e desfeito, deixou de ser intacto e porque a nossa percepção, com a passagem do tempo, se obscureceu. Mas podemos reconstituí-lo por meio da intenção, ao mesmo tempo curando a rede perfurada e cultivando uma percepção *interior* de sua existência.

Para conceber visualmente a grade dourada, imagine uma teia de aranha envolvendo o globo, uma teia cujos fios interligados formam padrões de graça e beleza. Imagine essa rede reluzindo com o orvalho, iluminada por milhões de pontos de luz estonteante. Dada a sua sensibilidade, essa rede pode ser facilmente destruída pela poluição e pelo lançamento de bombas, o que deixa os habitantes de Gaia cada vez mais vulneráveis diante das forças das trevas. Mas, cada vez que nos realinhamos com a harmonia do nosso entorno, a rede é reparada e chegamos mais perto da cura planetária.

Você pode "ver" os fios dourados da rede religando-se à medida que altera sua entrada para melhor adaptá-la aos padrões naturais de energia da terra. Quando você reorganiza a sua sala de estar, pode aparecer um brilho. Ou, enquanto pendura um quadro na parede do seu quarto, você pode, de repente, ter uma sensação de bem-estar e uma certeza interior de que a rede dourada está sendo reconstruída.

CAPÍTULO OITO

A Organização de um Recipiente de Utilidades

Aplica-se a todos os atos de iniciativa (e de criação) uma verdade elementar cuja ignorância destrói incontáveis idéias e planos esplêndidos: o fato de que, no momento em que nos comprometemos de modo definitivo, a Providência também age. Acontece todo tipo de coisas, que do contrário não teriam vindo à luz, para nos ajudar. Toda uma cadeia de eventos advém da decisão, predispondo a nosso favor todo gênero de incidentes, encontros e ajuda material imprevistos.

— WILLIAM HUTCHISON MURRAY
On the Scottish Himalayan Expedition

A única capacidade necessária à avaliação do fluxo da energia da terra no ambiente é a de ser receptivo a sentidos sutis. Mas quando se trata de analisar outros fluxos de energia, e por certo quando está em questão corrigir problemas, há uma variedade de capacidades e de artefatos que podem ter uma enorme utilidade. Tendo isso em mente, considere a possibilidade de organizar um recipiente cerimonial que contenha antiqüíssimos instrumentos divinatórios aos quais você pode recorrer nos momentos de necessidade.

Os instrumentos aqui apresentados se associam, sem exceção, a pelo menos uma das três rodas da Gaiamancia. Sinta-se livre para criar com eles os mais diversos conjuntos: combinar o uso de um instrumento do feng shui com uma disciplina americana nativa e com um objeto sagrado da tradição celta, ou qualquer arranjo que lhe pareça natural. Estão inseridas aqui e ali, entre esses instrumentos, práticas que, uma vez colocadas no seu recipiente de utilidades, podem ser usadas para aprimorar a sua percepção.

Intenção

Ao compor o seu recipiente de utilidades para avaliar o ambiente, comece com a intenção. Trata-se do instrumento da Gaiamancia *par excellence*, dado que somente por meio da intenção uma solução pode adquirir força suficiente para criar uma mudança energética ou uma nova forma. Não obstante, apenas através da *clareza* pode uma intenção fazer a sua magia. Quando a intenção tem a clareza do cristal, você pode concretizar a sua meta com enorme rapidez.

Ao lado da clareza vem a *responsabilidade*. Por quê? Porque, ao efetuar a mudança geomântica, você vai estar entrando numa relação co-criativa com o ch'i e com as forças elementais de vida, tendo portanto de ser responsável pelas conseqüências das decisões que toma. Segundo o Tao, o mundo nosso conhecido é pura energia, sendo as nossas intenções que criam a nossa vida — verdade esquecida com demasiada freqüência nas culturas do Ocidente. A nossa tendência, no Ocidente, é transferir a nossa capacidade criadora a um "especialista" que cuida das coisas por nós; porém, só quando retomarmos esse nosso poder e assumirmos responsabilidade por ele, irão as transformações ansiosamente esperadas acontecer.

Observei essa lei natural em ação depois que um cliente, ávido por ver mudanças dramáticas em todos os aspectos de sua vida, me chamou a fazer uma avaliação do seu escritório. Dias depois de terminada a avaliação, ele me telefonou para dizer que as mudanças esperadas não estavam acontecendo, o que me fez reunir-me com ele outra vez e perguntar qual era a sua intenção. Descobri que ele pensara que *eu* produziria as mudanças para ele. Expliquei-lhe que os serviços que forneço aprimoram a intenção *dele*, bem como que as mudanças na verdade estavam acontecendo, a começar pelo próprio fato de ele ter me procurado. Depois que ele compreendeu a força da intenção e se entregou a ela, o universo gerou as mudanças esperadas — trazendo resultados que excediam em muito as suas expectativas.

Admiro-me com a coragem de mudar dos meus clientes. Costumo visitar uma casa, caminhar por ela e volto ao meu escritório para preparar uma avaliação por escrito. Ao retornar para discuti-la com o meu cliente, descubro invariavelmente que várias das soluções que registrei na privacidade do meu escritório *já haviam sido postas em prática*.

Eis outro exemplo da capacidade transformadora da intenção: se, no curso de uma avaliação ou purificação, você encontrar uma energia que esteja causando prejuízo, evite combatê-la por meio da força. Em vez disso, use a intenção para ter compaixão dela e, então, entregue-a à luz. Agir como adversário pode apenas validar e intensificar a energia indesejada, ao passo que projetar o amor a neutraliza. Não estou dizendo "dê a outra face", mas "mantenha-se na sua própria força". Há, na intenção pura, um tremendo poder.

A prática da Gaiamancia envolve poucas batalhas; ela exige simplesmente que se tenha um foco. A necessidade percebida de lutar — uma triste e estranha falácia da nossa cultura — advém do exercício da resistência e leva à perda de força. Na substituição do "resistir a" pelo "concentrar-se em" pode estar toda a diferença do mundo. Vemos com demasiada freqüência a nossa vida como estando vergada sob o peso das dificuldades, quando na realidade um pouco mais de intenção pode realizar milagres!

PRÁTICA 4

Desenvolver a Intenção

Este eficiente exercício concretiza com rapidez a intenção, razão pela qual você precisa ter clareza e pureza de coração cada vez que for praticá-lo.

- Sente-se calmamente e respire fundo sete vezes. Feche os olhos e deixe que seu corpo relaxe.

- Escolha um aspecto da vida que você deseja aprimorar. Então, invoque seus guias, seus anjos, seus mentores, ou quem você quiser chamar em apoio, e peça-lhes que formem um círculo protetor ao seu redor.

- Imagine-se sentado numa bolha repleta de luz dourada. Afirme então a mudança que deseja fazer e peça a sabedoria, a orientação, a proteção permanente, a força e a clareza para torná-la realidade. (*Nota: Esta prática não foi concebida para mudar outras pessoas, mas para que você envie a sua intenção com a mais elevada integridade possível.*)

- Veja a melhoria desejada com os "olhos interiores". Se não tiver essa capacidade particular de visualização, *sinta* a mudança.

- Relaxe, desapegue-se do seu desejo e volte a respirar fundo sete vezes.

- Abra lentamente os olhos e observe todas as percepções que se mostrem alteradas. Se no início você não perceber nada novo, seja paciente. Como não estamos acostumados com os aspectos mais sutis do ser, costumamos ter a necessidade de praticar a clareza da mente, do coração e do espírito antes de submeter as intenções que temos à sintonia fina.

Ritual

O ritual é a intenção tornada forma. Todo ato repetitivo que serve para afirmar um vínculo simbólico com Gaia. Ao praticar esse ato, estabelecemos um banco de memória celular em comunhão com as forças divinas, ao mesmo tempo em que assentamos nossas declarações de intenção no reino físico.

Muitas pessoas passaram a se ressentir com as formas rituais desgastadas que as religiões institucionalizadas usam; em vez de sentir reverência diante do mistério e do assombro dos atos sagrados, sentimo-nos muitas vezes diminuídos diante dos clérigos que os realizam, senão temerosos deles. O ritual sem dúvida tem sido usado pelas religiões para obter o controle sobre os membros da congregação e para estabelecer uma hierarquia de poder. Temos porém de cuidar para não renunciar ao ritual ao renunciar ao elitismo que ele disseminou, dado que a realização de rituais sagrados *em si e por si* é um recurso essencial de religação das pessoas umas com as outras e com a sabedoria divina.

Apresento a seguir formas de ritual que provavelmente irão despertar antigas lembranças. Elas também podem inspirar um sentimento de comunidade, de êxtase e de amor.

Movimentos e Gestos Repetitivos

Os movimentos rituais da dança, da emissão contínua de sons, do ato de se cobrir de lama, do balançar o corpo, do Tai Chi e do Qi Gong são eficientes veículos de comunhão com Gaia. Dance com a lua ou com o vento. Toque tambor no meio da tempestade. Invente seus próprios movimentos físicos para entrar em contato e celebrar.

Cantar e Dançar

Vocalizar — audível ou telepaticamente — é uma excelente maneira de estabelecer comunicação com os animais, com as árvores e com outros seres. Desenvolvi amizade com uma baleia matriarca no Havaí ao cantar silenciosamente para ela enquanto visualizava um vínculo de comunicação com ela; dou a isso o nome de "contar histórias" à baleia, tomando de empréstimo o termo havaiano que designa conversação. Tudo o que existe no universo tem uma vibração própria a que podemos ter acesso mediante a harmonia e o som.

Viagem a Outros Reinos

Esta forma de comunicação com seres de outros mundos recebe às vezes o nome de meditação em transe ou cura por meio do transe. Trata-se de uma técnica xamânica de viagem fora do corpo, usada tanto para obter informações como para ver com clareza uma questão específica. Praticada originalmente por xamãs desejosos de manter o bem-estar de sua cidade, essa modalidade de viagem tornou-se um instrumento mais personalizado para o acesso à orientação de outros reinos, como você vai descobrir ao trabalhar com a prática 5.

PRÁTICA 5

Viagem Astral para Obter Informações

Esta técnica pode ajudá-lo a encontrar respostas para perguntas que você tenha sobre si mesmo e acerca do espaço em que vive.

- Com um copo com água ao seu lado, sente-se ou deite-se numa posição confortável e feche os olhos. Respire fundo sete vezes e permita que o seu corpo relaxe completamente.

- Invoque seus anjos da guarda ou qualquer ser que lhe sirva de vínculo com o divino, e peça-lhes a proteção ao longo da jornada por vir.

- Pense agora na questão que tem acerca de si mesmo ou do seu ambiente. Faça que ela fique direta e sem "e se..." Por agora, limite-se a formular a pergunta.

- Assim que se sentir no meio de um círculo de proteção, pense num lugar real ou imaginário da natureza, vá para esse lugar e sente-se confortavelmente. Absorva a paisagem, os sons, os odores e as texturas do ambiente.

- Peça que um espírito guia, na forma de um animal ou de um ser divino, venha até você e o conduza nesta jornada. (Lembre-se de que está protegido e seguro; se em algum momento se sentir incomodado, recorde-se de que pode abrir os olhos e voltar ao corpo.)

- Quando o espírito guia aparecer, faça a sua pergunta de modo claro e simples e ouça a resposta.

- Tendo recebido a resposta, agradeça ao espírito guia pela sua ajuda. Veja-se agora de pé, virando-se e voltando desse lugar na natureza. Sinta o seu espírito enchendo o corpo da ponta dos dedos dos pés e das mãos ao topo da cabeça. Então, vá abrindo pouco a pouco os olhos. Você pode se sentir extraordinariamente energizado e lúcido, ou talvez um pouco sonolento e desligado; seja qual for o seu caso, aclimate-se gradativamente ao ambiente no qual estiver.

- Para fins de assentamento, tome um pouco de água e espere alguns minutos antes de se levantar para se dedicar aos seus afazeres cotidianos.

Uma boa idéia é registrar cada uma das suas experiências de viagem num diário ou livro de anotações. Também pense se não vale a pena trabalhar com um instrutor que o ajude a elaborar essas experiências. Essa viagem é uma prática profunda que é melhor realizada na companhia de um mentor com conhecimento do assunto.

Totens e Guias

Mesmo sem fazer a viagem astral, podemos consultar outros seres, especialmente totens e guias. Os seres totens são, em sua maioria, animais, alguns dos quais permanecem conosco por toda a nossa vida, como guardiães dos nossos grupos familiares. Esses totens vêm a nós quando nascemos e ressurgem sempre que seus atributos se fazem necessários. Outros nos visitam por algum tempo e partem. Animais totens de ambos os tipos oferecem ajuda espiritual, sabedoria, proteção e força.

Muitas vezes, primeiro vemos esses animais repetidamente em livros ou filmes — algumas de suas maneiras favoritas de chamar a nossa atenção. Quando não compreendemos o que tentam nos dizer, eles podem ficar extremamente frustrados. Ainda assim, como amigos pacientes, eles esperam uma migalha de reconhecimento vinda de nós, como você vai perceber ao trabalhar com a prática 6.

PRÁTICA 6

O Encontro com Seu Animal Totem

- Tendo um copo com água ao seu lado, sente-se confortavelmente numa cadeira ou deite-se no chão. Feche os olhos, respire fundo algumas vezes e relaxe o máximo que puder.

- Imagine um círculo de luz dourada ao seu redor. Veja-se ou sinta-se no interior desse globo dourado e saiba que está seguro e protegido por ele. (Se sentir incômodo em qualquer ponto da jornada a seguir, simplesmente abra os olhos e deixe que o seu espírito em viagem volte ao corpo.)

- Siga os passos que deu na prática 5 quando se dirigiu a um lugar especial na natureza. Assim que chegar lá, procure um guia na forma de um ser físico ou de uma presença. Peça ao guia que o leve até o seu animal totem.

- Siga o guia até uma campina, uma caverna, o topo de uma montanha, uma floresta ou uma praia, reais ou imaginários, sem deixar, em nenhum momento, de ver, de ouvir e de cheirar o mundo recém-descoberto que o cerca. Seu animal totem estará ali para cumprimentá-lo; reconheça-o como aliado e amigo.

- Faça-lhe perguntas e descubra há quanto tempo ele o acompanha. Ele pode dizer que esta é a primeira vez que o encontra ou que está com você desde o nascimento ou desde vidas passadas. Quando as suas perguntas obtiverem respostas, agradeça ao totem e se despeça dele. Peça então ao seu guia que o acompanhe no caminho de volta.

- Siga o caminho até chegar ao seu ponto de partida. Volte ao corpo, dando tempo para que o seu espírito o preencha, centímetro por centímetro, antes de abrir lentamente os olhos.

- Tome um gole de água e espere vários minutos antes de voltar a mergulhar na realidade diária.

Tendo tomado conhecimento de qual é o seu animal totem, você já não precisará procurar por ele. Pelo contrário, o animal vai começar a aparecer no seu dia-a-dia — e, quando ele o fizer, não deixe de o cumprimentar com um sentido de reconhecimento e de receptividade.

A forma mais comum de comunicação com animais totens ocorre em visões e sonhos. Na verdade, muitos povos aborígines acreditam que o mundo onírico é a realidade e o mundo vígil a ilusão. A comunicação totêmica também acontece em nossos estados cotidianos de vigília. Num e noutro caso, esses animais podem adquirir uma aparência exagerada ou estranha. Por exemplo, uma pequena criatura do meu círculo de amigos totêmicos lembra uma personagem de cartum. Ri quando ela me apareceu pela primeira vez, e depois percebi que a tinha ofendido e logo me desculpei, prometendo não ser paternalista nem preconceituosa. Esse pequeno ser me ensinou a ser calma e a ver a vida de uma perspectiva discreta.

Fazem-se por vezes referências aos totens com a expressão "animal de poder" — descrição precisa, visto que eles personificam literalmente para nós poderes e forças. Os nativos americanos costumam levar consigo uma imagem do animal cujas características desejam assimilar para fins de caça, de cura ou de superação de um desafio físico ou emocional. Mas os seres totens não se restringem ao reino animal; podem ser árvores, pedras ou outras formas inanimadas úteis. Os membros da Igreja Católica consideram as relíquias dos santos mais ou menos da mesma maneira como os "pagãos" vêem seus totens.

Os guias são seres cósmicos menos palpáveis que podem ser invocados para fins de assistência espiritual, sabedoria, orientação, proteção e forças. As invocações a Maria são comuns na Irlanda e nos países hispânicos, nos quais, sob a devoção à Santa Mãe, esconde-se muitas vezes o contato com uma deusa viva. Em outras culturas, a deusa grande mãe Quan Yin da China ou Réia [Cibele] da Grécia são invocadas para oferecer proteção, compaixão e o amor infinito do feminino divino. De igual modo, Jesus e Buda são bem-amados portadores do masculino divino.

Você consegue se lembrar de algum animal, algum membro do reino vegetal ou elemental ou alguma entidade cósmica que o acompanha desde a infância? Se conseguir, escreva um poema ou uma carta dirigida a esse ser — e não se surpreenda se ele responder! Conversar com totens e guias é um dos grandes recursos da Gaiamancia, dado que o acesso que eles têm a reinos não físicos costuma ser bem mais direto do que o nosso.

Rabdomancia

A rabdomancia, numa ou noutra de suas formas, é usada em quase todas as culturas do mundo para localizar lugares sob a superfície da terra nos quais há água, objetos ou linhas de energia. A própria palavra [inglesa: *dowsing*], derivada de um termo anglo-saxão antigo que significa "empurrar para baixo", refere-se ao artefato original usado pelos rabdomantes. Depois de cortar um ramo em forma de Y de uma árvore, de modo geral um salgueiro, eles seguravam as extremidades protuberantes e observavam quando a base eventualmente se inclinava para baixo num lugar sensível. Hoje, os rabdomantes usam uma forquilha de hastes metálicas, bem como pêndulos de metal, de osso ou de pedra.

Uma haste rabdomântica é um bom item a ser acrescentado ao seu recipiente de utilidades. Por quê? Porque pode ajudá-lo a encontrar água para poços ou correntes ou rios subterrâneos que podem, se não forem identificados, causar algum impacto no seu ambiente. A haste também pode ser usada para descobrir a localização de sistemas de esgoto e linhas elétricas. Algumas pessoas chegam mesmo a praticar a rabdomancia *em mapas* para localizar petróleo, ouro ou minerais. Outros procuram por meio da técnica pessoas ou aviões e navios afundados.

As linhas sutis de energia também são sensíveis à rabdomancia, como as áreas de *stress* geopático. Deixadas a si, ligeiras alterações geológicas, como as linhas de energia, fazem pressão ascendente sobre os alicerces das casas ou os empurram para dentro da terra. Uma vez detectadas, as energias responsáveis por isso podem, de modo geral, ser tratadas se abordadas com uma atitude de respeito e de cooperação.

Aprendi rabdomancia com um velho amigo do Oregon que apareceu num terreno no qual eu estava construindo uma casa. Denominando-se a si mesmo de "mago da água", esse venerável rabdomante chegou com duas hastes feitas com cabides de metal dobrados e, caminhando pelo terreno, assinalou dois pontos nos quais se podiam cavar poços. Verificou-se que tanto a profundidade do poço como a qualidade da água relatados por ele estavam absolutamente corretas! Mas o melhor de tudo é que ele me ensinou como se seguram as hastes e como fazer perguntas claras como o cristal.

A clareza é vital quando se usam hastes rabdomânticas, pois elas interpretam a informação literalmente, como vim a descobrir muitos anos depois. Tendo instalado as linhas elétricas de vários prédios grandes de um centro espiritual recém-construído, meu parceiro na época fez numa delas uma bifurcação para alimentar um edifício menor, enterrando todos os fios lado a lado num ponto fundo da terra. Quando o prédio menor teve uma queda de força, semanas depois, percebemos que nos esquecêramos de marcar o lugar da emenda, que agora, numa noite fria e úmida de dezembro, precisava de conserto.

Com grande confiança, peguei minhas hastes de cabide e fui procurar a emenda. Tendo encontrado o fio afetado, fiz uma verificação ao longo dele, mas toda vez que perguntava: "Em que ponto os fios estão separados?", recebia a mesma resposta cifrada: "60 centímetros". Meu parceiro, diante disso, cavou 60 centímetros num dos pontos da linha, e mais 60, até quase ter percorrido um terço dos 60 metros de extensão. Nesse ponto, perguntamos ao nosso gato-Buda, Max: "Onde está *o rompimento*?" O gato se dirigiu a um dado ponto, fez uma pequena escavação e se afastou com a maior calma do mundo. Meu parceiro e eu trocamos olhares e rimos de nós mesmos, e então cavamos 60 centímetros no local indicado. Claro que o culpado estava ali! Nunca mais fiz a um instrumento de rabdomancia uma pergunta que não fosse clara e específica.

Depois do meu contato com o "mago da água", já usei vários artefatos rabdománticos — cristais e pinos giratórios, contas e sinos —, mas os cabides de metal ainda figuram entre os meus instrumentos favoritos, visto que são leves e fáceis de balançar por longos períodos de tempo. Também uso bastões de solda de vários tamanhos e, às vezes, um pêndulo — uma excelente ferramenta que cabe no bolso. Tenho até um conjunto de hastes rabdománticas de bolso, cada qual com cerca de quinze centímetros de comprimento!

Seja qual for o instrumento que decida usar, você deve ter certeza de que seguiu este método simples: ao procurar água, linhas de energia ou linhas elétricas num lugar, comece pedindo a permissão, a cooperação e a assistência dos espíritos da terra; em troca da ajuda deles, deixe um pequeno presente, como fumo ou comida de passarinho. Então, segurando firme o instrumento rabdomântico à sua frente, peça-lhes que o guiem ao ponto desejado.

Você poderá descobrir que o instrumento usado reage de maneira diferente dependendo da situação. Se ao procurar água eu usar cabides ou bastões de solda, estes muitas vezes se cruzam e se enrolam ao redor do meu pescoço. Se procuro linhas elétricas subterrâneas, um dos bastões vai para a esquerda e o outro para a direita, o mesmo acontecendo quando há um vórtice de energia. Fazer perguntas enquanto se anda — perguntas como "Onde está a água limpa e potável?" — ajuda a tornar clara a busca. Visualizando a água, você poderá até ver as rochas de um rio subterrâneo ou as pedras de um olho d'água.

Ao localizar água, percorra a área para achar um acesso fácil a ela. Ao detectar linhas elétricas, percorra para lá e para cá a trajetória suspeita para encontrar o caminho. Lembre-se de que, ao caminhar pelo terreno, você pode encontrar anéis de fadas — laços de energia deixados por fadas dançantes. Se isso acontecer, evite respeitosamente passar por eles. Se não houver meio de contorná-los, avise o povo das fadas da sua aproximação, e peça a sua permissão, antes de entrar no seu domínio. É uma honra ter esses anéis no terreno que está a seu cargo.

Pêndulos

No universo que inclui todos os instrumentos divinatórios, os pêndulos figuram entre os mais fáceis de usar. Como seu corpo fica suspenso de um ponto fixo, os pêndulos oscilam livremente de um lado para outro, oferecendo respostas do tipo sim ou não às perguntas que se fizer. Você só precisa manter o máximo de imobilidade possível e fazer as perguntas.

Você pode tanto comprar um pêndulo como fazer o seu. O passo seguinte é decidir qual movimento significa a resposta "sim", qual significa "não" e qual outro significa "talvez". Para simplificar, você pode querer designar a oscilação para a frente e para trás do pêndulo como "sim", e o movimento de um lado para o outro como "não", tal como o "sim" e o "não" indicados por movimentos da cabeça, podendo o movimento circular indicar "talvez". Deixe que o instrumento lhe diga o que é melhor.

Antes de usar o pêndulo, purifique o seu campo de energia, para evitar que outras forças influenciem as respostas que você obtiver. Para fazê-lo, feche os olhos e respire algumas vezes funda e lentamente. Imagine que uma chuva de luz que se precipita sobre o seu corpo está removendo todas as energias que cruzarem o seu caminho, com exceção das mais benéficas. Quando tiver uma sensação de soltura e de clareza, abra os olhos e prossiga.

Para estabelecer uma sólida camaradagem com o seu pêndulo, segure-o, usando a mão que você usa mais, acima da superfície de uma mesa, e comece a trabalhar com ele. Relaxando a mão e mantendo-a o mais imóvel que puder, faça uma pergunta do tipo "sim ou não" cuja resposta você saiba. Se o pêndulo não se movimentar imediatamente, faça pacientemente outra pergunta e veja o que acontece. A comunicação com energias sutis dessa natureza de modo geral requer prática. Tente também usar a mão que você usa menos; isso o fará pôr em funcionamento o lado do seu cérebro com o qual você está menos acostumado.

Objetos Sagrados, Curas e Cerimônias

Nenhum recipiente de instrumentos é completo sem um sortimento de objetos sagrados, de curas (o termo usado no feng shui para designar soluções) e cerimônias. Os itens relacionados a seguir podem ser usados para a resolução de problemas, seja em conjunção com suas respectivas rodas ou individualmente. Como sempre, empenhe-se por alcançar a clareza de intenções ao aplicar essas soluções. Do mesmo modo, reserve um momento para agradecer aos guardiães da sabedoria que, ao longo de éons, têm amorosamente evitado a sua distorção.

Esses são apenas alguns dos muitos objetos e práticas sagrados utilizados pelas três tradições em tela. Para mais opções, veja a relação de leituras recomendadas a partir da página 156. E, sobretudo, saiba discernir — ponha no seu recipiente apenas os instrumentos que façam sentido para *você*.

Instrumentos do Feng Shui
Objetos que produzem refração da luz, como espelhos e cristais. Os espelhos são usados no feng shui para curar uma gama de problemas de disposição no espaço. Postos no lugar certo, eles podem defletir energias negativas, ligar o interior de um imóvel com o espaço exterior à sua planta baixa, bem como alterar a direção do fluxo de ch'i. Os cristais, que são uma boa fonte

de luz e de energia curativas, configuram-se como excelentes instrumentos de extirpação de energias negativas e para a alteração da direção do fluxo do ch'i.

Uma advertência: não se esqueça de que, embora a eficácia dessas curas seja influenciada pela intenção com que são usadas, os objetos têm sua *própria* energia. Os espelhos, como vim a descobrir, podem abrir "janelas" energéticas entre dois espaços, algo que em bom número de casos pode ser indesejável. Os cristais, por sua vez, devem ser compreendidos antes de serem usados. Para conhecer um dado cristal, limpe a mente e pergunte aos seus guias o que o cristal em questão personifica.

Sons. Os conjuntos de sininhos são bons para disseminar energia. Os sininhos sólidos de metal enviam círculos concêntricos de ch'i. Os sininhos ocos de metal ou de bambu têm maior capacidade de emissão de uma parede protetora de energia. Cantar ou vocalizar com pureza de coração tem o poder de atrair seres divinos. Os tambores, os apitos e as matracas também têm bastante eficácia, dado que abalam energias negativas e as eliminam vibracionalmente.

Objetos vivos. O ch'i é atraído pela beleza natural. Por esse motivo, costumo recomendar o uso de plantas ou de árvores para corrigir desequilíbrios no interior ou do lado de fora de uma edificação. Além disso, muitas pessoas gostam de pôr peixes dourados, reais ou representados, na entrada de seu imóvel a fim de atrair energias associadas com a abundância natural da água.

Objetos móveis. Itens como birutas, cata-ventos, moinhos em miniatura e móbiles podem ajudar a movimentar um ch'i estagnado. Podem ainda dispersar o ch'i em rápido movimento quando este passa por um corredor longo e estreito.

Objetos pesados. O peso de objetos pesados podem trazer energia de volta à terra. O ch'i costuma ficar assentado em estátuas, em pedras e em elementos geográficos como montanhas ou pirâmides. As culturas do mundo inteiro, incluindo os antigos celtas, usavam pedras megalíticas como indicadores da posição do terreno, assim como da localização de sítios sagrados e de fontes curativas.

Força elétrica. Os praticantes chineses do feng shui acreditam tipicamente que as máquinas representam uma grande força. Eles consideram os equipamentos eletrônicos como sinal de afluência e de sucesso. Na qualidade de consultora ambiental, sou muito mais cautelosa no tocante aos campos eletromagnéticos que as máquinas criam.

Flautas. Hoje símbolos universais do feng shui, as flautas são transmissoras da intenção antiga de harmonia e beleza musicais. Quando penduradas num ângulo em que o seu bocal fica virado para baixo, elas representam o potencial de elevar a energia circundante por meio da força da harmonia e do ritmo.

Cores. Os efeitos das cores tomadas isoladamente costumam depender da interpretação cultural. O branco, por exemplo, cor do luto na China, é usado pelas noivas no Ocidente. O preto, reverenciado na China, pelas suas propriedades de combinação, é associado no Ocidente com o luto. Ao usar cores como soluções, a melhor abordagem é confiar na intuição. Você sempre pode perguntar a seus guias, ou mesmo à própria cor, se uma dada cor é apropriada a uma área ou aplicação específicas.

Outros objetos. As curas [soluções] pessoais do desequilíbrio do ch'i podem ter a mesma eficácia das tradicionais. Eu, por exemplo, costumo usar sementes de flores silvestres, porque é fácil encontrá-las e porque elas contêm uma energia positiva. Depois de pesquisar as características das flores de que gosta e de observar suas diferentes personalidades, você também pode querer aplicar essa cura em setores importantes da roda ba-guá.

Na área da riqueza/abundância, por exemplo, você poderá descobrir que as sementes de girassol e de árvores frutíferas, assim como outras sementes, transmitem a energia da riqueza florescente e do novo crescimento, ao lado da graça e da beleza essenciais à verdadeira abundância. Você pode tanto plantar essas sementes para fazer que a sua intenção frutifique, como simplesmente espalhá-las num cesto e deixar que façam sua magia. A área dos relacionamentos/casamento poderia se beneficiar das sementes da ervilha-de-cheiro ou do cravo, que representam o amor e o romance. A área da família/saúde pode reagir bem a sementes ou brotos de plantas associadas com a boa saúde e com a vitalidade, como é o caso do bambu. Para aumentar ainda mais a área, você pode querer colocar estátuas de elefantes, tradicionalmente reverenciados pelos seus fortes vínculos familiares e por sua longevidade.

Instrumentos Americanos Nativos

Os povos da Primeira Nação como um todo usam centenas de objetos e costumes sagrados a fim de equilibrar e harmonizar as forças do ambiente. Os instrumentos apresentados a seguir figuram entre os mais comuns.

Defumação. Este costume envolve a queima de ervas, de grama e de folhas para fins de limpeza e purificação. Diz-se que a queima da artemísia erradica muitas doenças e serve de elemento desumidificador do corpo. A queima do cedro suaviza. A queima da grama do gênero glicéria é mais purificadora e necessária.

Chamar o círculo. Este ritual sagrado invoca a sabedoria, a orientação e a proteção dos espíritos das direções. Chamar o círculo antes de fazer uma purificação ou uma promoção do equilíbrio de cunho cerimonial pode ajudar a isolar o espaço.

Dança. Como o corpo tem conhecimento e sabedoria inatos, a dança pode "falar" de maneiras a que a palavra não tem acesso. Na verdade, a dança é uma das orações mais eficazes que existem, útil para restaurar o equilíbrio tanto do corpo físico como das energias circundantes.

Você pode querer fazer uma dança totêmica na qual assume as características do seu animal totem ou ser cósmico — uma maneira profunda de

PRÁTICA 7

Chamar o Círculo

Este ritual tem contrapartes assemelhadas em muitas culturas. Ele é usado para preservar a segurança de um espaço que se está prestes a curar.

- De pé, com o rosto voltado para o leste, feche os olhos e chame em voz alta os espíritos do leste — a área dos novos começos, marcada pelo caminho do visionário. Peça aos espíritos que tragam sabedoria, orientação, proteção e força ao círculo que será formado.

- Virando-se de acordo com a direção dos ponteiros do relógio, repita o chamado, atraindo a energia dos espíritos do sul, do oeste e do norte, respectivamente.

- Com o rosto voltado para cima, chame o Pai Céu, a Avó Lua e o Avô Sol para que tragam a sua energia.

- Com o rosto virado para baixo, chame a Mãe Terra e peça-lhe que traga a sua energia.

- Chame todos os seres da mais pura intenção e da mais elevada integridade para fazer parte do círculo.

- Reconheça a presença de todos os espíritos que estão no círculo e dê as boas-vindas à sua sabedoria, orientação e proteção.

- Quando tiver concluído o trabalho ou cura pretendidos, libere os espíritos, agradecendo-lhes pelo seu amor e apoio.

entrar em contato com esse ser e de aprender cinestesicamente sobre suas dádivas. Ou pode preferir coreografar sua própria dança fechando os olhos e deixando simplesmente que o corpo se movimente.

Tambores. Nas culturas americanas nativas, os tambores representam o batimento cardíaco da terra. Seus ritmos também são usados para enviar os xamãs a outros mundos; na verdade, os Ulchi e os Nanai da Sibéria crêem que os xamãs "navegam nos tambores" nas jornadas que fazem. Se gostar de tocar tambor, pense em adotar esse instrumento para entrar num estado alterado de consciência ou para acabar com desequilíbrios.

Instrumentos Celtas

A maioria dos objetos sagrados dos antigos celtas tem sua origem nas lendas e nas histórias populares. Os que apresentamos a seguir figuram entre os muitos que assentam suas bases para o restabelecimento de relações saudáveis com o mundo da natureza e com seres de outros mundos.

Papos de Grou. No xamanismo celta, os papos de grou continham os instrumentos sagrados usados na prática da medicina. Os antigos celtas usavam o corpo de um grou para guardar seus instrumentos porque essas aves, grandes e resistentes, eram consideradas portadoras de conhecimento sagrado. Tenho dois desses recipientes, um guardado na realidade física e o outro conservado em outras dimensões, contendo os instrumentos menos palpáveis com que fui agraciada.

Hoje, a maioria dos papos "de grou" são feitos de couro. Para obter bênção para os papos, alguns fornecedores caçam à moda antiga — conferindo honra e dignidade ao cervo, à vaca ou ao alce. Se não puder encontrar um desses fornecedores, abençoe o papo que puder encontrar e agradeça ao animal por tê-lo proporcionado. Peça ao espírito dele, em troca disso, bênçãos, assim como conselhos, pois ele pode vir a tornar-se um aliado. O espírito do animal vai se sentir grato pelo seu amor e ajuda, especialmente se você voltar à cena da sua morte a fim de aliviar a dor e o choque que ele sentiu. Mas, se preferir um papo feito de algum tecido, crie ou escolha um feito de algodão, de linho, de cânhamo, de lã ou de alguma outra fibra natural.

O tamanho e a forma do papo ficam à sua escolha. Ele deve ter tamanho suficiente para guardar seus instrumentos, mas ser pequeno o bastante para ser transportado com facilidade. Você pode desenhar motivos nele ou deixá-lo sem decoração.

Caldeirões. Estes são recipientes sagrados usados para reter e ver. Os xamãs celtas enchiam seus caldeirões com água e procuravam nele mensagens ou visões, mais ou menos da mesma maneira como os videntes dos nossos dias usam bolas de cristal.

O caldeirão representa essencialmente o conhecimento transmitido como alimento — significado que adquiriu vida numa história do século VI intitulada "O Caldeirão e Taliesen". Taliesen vivia na época no País de Gales, sendo o principal bardo da Bretanha. Embora sua poesia e suas canções tenham chegado até nós, sua origem permanece no reino do mito, como o revela a versão abreviada da história que vem a seguir.

Ceridwen, deusa habilidosa em artes mágicas, teve dois filhos — um filho, Morfran (Grande Corvo), e uma filha, Creirwy (Querida). Preocupada com a aparência feia do filho, Ceridwen decidiu preparar um caldeirão de sabedoria e inspiração que iria ficar cozendo durante um ano e um dia para criar três gotas de inspiração que ajudariam a fazer as pessoas honrar seu filho pela sabedoria, não se incomodando com a sua medonha aparência. Gwion Bach, menino da vila, ficou encarregado de vigiar o caldeirão enquanto Ceridwen colhia ervas. Quando ela partiu, três gotas saíram do recipiente, caindo no polegar de Gwion, que ele lambeu imediatamente para aliviar a dor. Ao fazê-lo, ele obteve todo o conhecimento que se podia adquirir.

Gwion fugiu imediatamente, sabedor de que Ceridwen o mataria se descobrisse o que acontecera. Enquanto ela o perseguia, ele mudava de forma, transformando-se numa lebre, num peixe, numa ave e, por fim, num grão de milho, enquanto Ceridwen se transformava em vários animais. Por fim, ela assumiu a forma de uma galinha e comeu o grão de milho que era

Gwion. O grão foi para o ventre de Ceridwen, onde cresceu por nove meses até se tornar um belo bebê. O bebê era tão especial que ela não pôde matá-lo; em vez disso, ela o pôs numa mochila de couro e o colocou no rio.

Alguns dias depois, enquanto pescava, um nobre encontrou a mochila presa a uma touceira de juncos e a abriu. A primeira coisa que ele viu foi um marrom "brilhante", razão por que deu ao menino o nome de Taliesen (que significa marrom brilhante ou radioso). E assim Taliesen veio a crescer como filho de um nobre e mais tarde passou por muitas aventuras como poeta e bardo.

A maioria dos caldeirões usados na prática celta é, tal como o de Ceridwen, feita de ferro fundido. Mas para o uso geral, tigelas de madeira ou de cerâmica, ou mesmo de conchas grandes, são mais fáceis de transportar e muito apropriadas para o uso. É melhor evitar os recipientes de plástico ou de alumínio, que produzem resíduos. Eu uso uma tigela de madeira entalhada de 35 centímetros. Para o seu recipiente de instrumentos, escolha a tigela de que *você* gostar e a encha de água durante a lua cheia a fim de viver em abundância. Também é possível enchê-la de água para revelar mensagens sobre o ambiente ou para purificar energias indesejadas, que podem então ser jogadas num rio, ou absorvidas e neutralizadas pela terra.

Bastões falantes. Tradicionalmente, os xamãs celtas usavam bastões de madeira de 12 a 18 centímetros para obter informações para os clientes. Quando o xamã e o cliente punham as mãos sobre o bastão falante, este dava informações sobre a vida do cliente e oferecia sugestões acerca de como alcançar o equilíbrio.

Para conseguir um bastão falante, caminhe pela mata e procure um ramo de árvore caído que possa ser cortado no tamanho exato. Ou compre uma bengala. Em qualquer caso, saiba que o seu bastão falante pode ajudá-lo a fazer viagens seguras a outros planos.

O "Ramo de Prata". Citado em muitas lendas celtas, o Ramo de Prata era considerado uma ligação entre os mundos interior e exterior. Originalmente, o Rei Cormac da Irlanda recebeu esse ramo de um "estranho do outro mundo", sendo ele usado para curar as doenças e desequilíbrios físicos do seu povo. Hoje, muitas pessoas associam esse ramo com Kernuno, o deus chifrudo da floresta, bem como com o povo das fadas.

Para obter um Ramo de Prata para si mesmo, procure um ramo de bétula ou de amieiro. Pergunte-lhe, então, que dádivas de cura ele tem para lhe oferecer.

Mantos. Nas lendas celtas, os mantos costumam referir-se a uma capa de penas de pássaros chamada *tuigen*, usada para demonstrar muita autoridade. Pela mesma razão, os xamãs havaianos de antigamente usavam gorros de penas. Envergando esse manto durante uma cerimônia, o portador pode ir a outros planos e assumir a persona do pássaro do qual são as penas, um guia para informações.

Passei a gostar do uso de mantos quando um dos meus aliados me mostrou a força da roupa ritualística e o modo como ela pode servir de instrumento de proteção e de transformação durante as cerimônias. Assim, tenho agora um manto deste lado e um do outro, e os uso, quando necessário, para fins de proteção e de invisibilidade. Você também pode usar um manto para a "visão" e a "audição" cerimoniais. Lembre-se de nunca envergá-lo de modo invasivo ou desrespeitoso, porque um ato desses pode retornar a você na forma de grandes problemas.

PARTE TRÊS

Aplicar a Sabedoria Antiga a um Mundo Moderno

CAPÍTULO NOVE

Um Ambiente Doméstico ou de Trabalho Mais Saudável

Impossível significa apenas que você ainda não descobriu a solução.
— AUTOR DESCONHECIDO

Tradicionalmente, o trabalho voltado para equilibrar o fluxo de energia que passa por uma edificação tem em mira avaliar os contornos e linhas de energia do terreno circundante, examinar a influência dos elementos e descobrir vazios, bem como áreas de energia acelerada, em colisão ou estagnada no interior da estrutura. Nos nossos dias, temos de nos preocupar com bem mais elementos, tendo em vista que, quando a energia vital passa por um ambiente contemporâneo, o prédio e seus ocupantes são afetados por novos fatores — estando entre eles uma população mais instável, a voltagem elétrica e uma vasta gama de produtos tóxicos.

A estabilidade e a segurança ambientais são, por conseguinte, tão importantes para os praticantes da gaiamancia quanto a harmonia, o equilíbrio e a graça para os antigos taoístas. Uma falta de assentamento pode, como vimos, nos afastar da proteção e da amorosa sabedoria de Gaia. Os ambientes tóxicos, por sua vez, são física e emocionalmente incapacitadores. Também eles têm sobre o ch'i um efeito pronunciado que raramente é levado em consideração.

A doença ambiental (DA), também conhecida como sensibilidades químicas múltiplas, tem sido reconhecida como fator incapacitador por muitos órgãos federais [americanos] — incluindo o Departamento de Habitação e Desenvolvimento Urbano, a Administração Previdenciária, os Institutos Nacionais de Saúde, a Administração do Alimento e do Remédio, a Agência de Proteção Ambiental [EPA] e a Administração dos Veteranos — bem como por vários órgãos estaduais congêneres. Quando fui acometida pela DA no final dos anos 70, havia poucas informações sobre produtos e materiais de construção alternativos, razão por que comecei a pesquisar sozinha, falando com empreiteiros e subempreiteiros, com fabricantes e com outras pessoas acerca do meu problema. Artesãos e construtores com mais idade me contaram como se construíam edificações antes do ataque químico que se seguiu à Segunda Guerra Mundial. Além disso, consegui localizar uns quantos fabricantes responsáveis comprometidos com a qualidade e a segurança. Entre eles, a American Formulating Manufacturing (AFM), de San Diego, Califórnia, e a Sinan Company, de Davis, Califórnia, mantinham um firme compromisso com produtos não-tóxicos e sem tóxicos, além de se mostrar dispostos a responder perguntas. Delas eram os produtos que usei na minha casa e em projetos especificados, comerciais, residenciais e governamentais. Hoje, muitos fabricantes seguem o seu pioneirismo no ramo de mercadorias como produtos de limpeza e xampus, tapetes e comida para animais. (Para endereços de fornecedores, ver a página 159.)

Como Evitar Ataques de Energia Tóxica

A proteção contra desastres ambientais é obtida mais eficientemente por meio da educação. Consumir com base em informação é essencial, dada a profunda sensibilidade do sistema endócrino humano, que pode ser afetado mesmo por níveis bem baixos de exposição ao ambiente. Submetido a uma sobrecarga tóxica muito pronunciada, ele pode parar de funcionar, como descobri por experiência direta.

É antes de tudo essencial analisar as etiquetas, tendo em vista que, apesar do aumento do número de fabricantes de produtos que não causam prejuízos à saúde, alguns produtos para a casa e para os cuidados pessoais não são o que parecem ser. "Reciclado", por exemplo, não significa necessariamente "seguro"; significa simplesmente que os materiais foram usados antes e depois transformados em novos produtos. O belo branco de muitos produtos reciclados de papel indica em geral que eles contêm vestígios de *dioxina*, composto formado pelo branqueamento com cloro da celulose da polpa de madeira usada nos artigos fabricados com papel. A dioxina, considerada uma das mais tóxicas substâncias químicas controladas pela EPA, causa câncer, malformações fetais, danos ao fígado, doenças de pele, efeitos imunotóxicos, mudanças na regulação endócrina e redução do acúmulo de vitaminas. Outros subprodutos do branqueamento com cloro, como o *furans* e o *clorofórmio*, também têm alto nível de toxicidade.

O próprio cloro, conhecido por afetar prejudicialmente o ambiente, tem uma história curiosa. Esse elemento halógeno foi usado como arma na Primeira Guerra Mundial. Depois da guerra, reservas do gás que precisavam ser desmobilizadas foram usadas maciçamente na fabricação de produtos de limpeza doméstica. Quanto mais lucrativos ficavam os produtos baseados no cloro, tanto mais se fazia propaganda deles e tanto mais obcecados com o branqueamento e com a desinfecção ficavam os americanos. No final da Primeira Guerra, o cloro se transformara de arma de guerra no mais novo agente de limpeza.

Ao examinar rótulos para reduzir o nível de toxicidade do nosso ambiente cotidiano, tenha certeza de considerar o item "sem branqueamento" tão importante quanto "reciclado". Mas lembre-se de que a contaminação do mundo com cloro alcançou tal intensidade, que é impossível evitar toda exposição a esse elemento. Por exemplo, você pode gostar de papel higiênico suave, que na maioria das vezes é branco. A solução, diante desses dilemas, é seguir a intuição e estabelecer prioridades.

Examine também os rótulos dos produtos de limpeza. Escolha detergentes sem perfume e sem corantes, com o mínimo de fósforo e o mínimo de alvejantes. O Twenty Mule Team Borax, por exemplo, remove odores e sujeira ao mesmo tempo em que suaviza a água; ele pode ser usado ainda para repelir formigas e baratas. Livre-se dos amaciantes, que podem amaciar a roupa e deixá-las fofas, mas estão cheios de substâncias químicas. Para mais sugestões sobre a redução da exposição a produtos químicos perigosos, veja a seção de recursos no final do livro.

Além de examinar os rótulos dos produtos, comece a pensar na qualidade do ar. Um poluente do ar doméstico é o *radon*, um gás incolor que entra no ar por meio da emanação vinda de solos que contêm urânio e materiais como granito, xisto, fosfatos ou uraninita. O *radon* provoca a combustão do ch'i, e a exposição a ele foi associada com o câncer dos pulmões. Para fazer o acompanhamento da presença desse poluente, procure nas páginas amarelas empresas medidoras certificadas pela EPA, ou compre um produto de teste doméstico. Prédios em áreas que contêm muito granito são propensos à contaminação pelo *radon*.

Outros poluentes do ar doméstico são formados primordialmente por compostos orgânicos voláteis (COV). O *formaldeído*, um dos mais prejudiciais COVs, é carcinogênico (causador de câncer) e mutagênico (provoca o aumento da taxa de mutação celular). Esse gás, igualmente incolor, está bem presente em edificações que contêm resinas ou espumas de isolamento compostas pela combinação uréia-formaldeído — materiais de construção que já foram proibidos. Os sintomas de sensibilidade a essa toxina são a asma, a irritação dos ouvidos, do nariz e da garganta; erupções da pele, sangramentos nasais, depressão e danos ao sistema nervoso central. A passagem do ch'i pelo formaldeído pode provocar o enfraquecimento da vontade.

Outros COVs também estão presentes em produtos domésticos, bem como em materiais de construção como tintas, seladoras e adesivos. Muitos desses compostos podem causar câncer, danos renais ou hepáticos, bem como malformações fetais. Os sintomas de contaminação incluem a irritação dos olhos e da garganta. Ainda que os efeitos tóxicos de alguns desses agentes de contaminação se reduzam com o passar do tempo, é melhor escolher produtos sem COVs.

Como saber se um produto contém algum COV? Peça ao revendedor as informações de segurança do fabricante. Se o vendedor não as tiver à mão, peça-lhe que as envie; os fabricantes têm a obrigação de fornecer essas informações a pedido. Para informações mais gerais acerca de poluentes do ar doméstico ou de procedimentos de teste, ligue para a EPA no telefone 1-800-438-4318. Departamentos estaduais e o serviço público de saúde também têm condições de lhe fornecer informações.

As plantas podem ajudar a combater à toxicidade ao absorver toxinas e purificar o ar... até certo ponto. A Administração Nacional da Aeronáutica e do Espaço (NASA), ao pesquisar a segurança das estações espaciais, semeou plantas em compartimentos selados com formaldeído e outros gases tóxicos. As plantas reduziram as concentrações dos gases em até 85% num período de 24 horas. Os resultados desse estudo revelam que o povo verde é de fato um devotado aliado do homem: o aspargo e o filodendro [jibóia] são grandes benfeitores; o aspargo e o filodentro absorvem o formaldeído dos móveis, dos tecidos e dos produtos de limpeza; as margaridas, os lírios e os crisântemos assimilam produtos químicos e COVs dos produtos de limpeza, dos vernizes e dos adesivos; e a hera assimila o benzeno, um líquido tóxico usado como solvente.

Contudo, sujeitos a uma sobrecarga química ou de gases muito forte, nossos aliados acabam morrendo. Uma tática preventiva é proporcionar às plantas uma boa ventilação de vez em quando, acompanhada de expressões de gratidão. Melhor ainda: aja com sabedoria ao escolher os produtos que consome!

Uma Avaliação Ambiental

Vamos agora fazer um passeio pelo nosso hábitat. Nesse caso, avaliaremos a sua residência ou escritório não tanto em termos de posição e distribuição — algo que você já deve ter feito usando as rodas da Gaiamancia — como do ponto de vista das exposições indesejadas ao ambiente. A qualidade de vida na virada do século se fundamenta na *totalidade* desses fatores. Como fizemos antes, começaremos pela área externa do imóvel.

O Local em que Você Mora

Locais com residentes ou proprietários de imóveis comerciais de longa data proporcionam estabilidade e um fluxo vigoroso de ch'i. Por quê? Porque as pessoas tendem a permanecer nos locais em que a vida lhes parece plena e abundante. Porém, deve-se ter o cuidado de não julgar "boa" a estabilidade e "ruim" a mudança, porque em certos momentos da vida a transição é importante para o desenvolvimento. Se você estiver perto de chegar a um desses momentos, um local de população móvel e com uma variedade de atividades pode proporcionar-lhe precisamente o estímulo, o apoio e a vitalidade de que você precisa.

Se, por outro lado, o local em que você mora apresentar um alto grau de energia em mudança e você quiser estabilidade, são possíveis algumas soluções estabilizadoras. Uma delas consiste em colocar objetos ou imagens que representem solidez no coração ou centro da sua residência ou do seu local de trabalho. Pode-se conseguir o assentamento por meio da exibição de quadros de ambientes tranqüilos, como montanhas — nesse caso, os perfis montanhosos e picos suaves e lisos são preferíveis aos agudos e acidentados — ou imagens de pirâmides gravadas em metal ou argila, mas não vidro, que é demasiado frágil para esse propósito. Se o coração do seu imóvel for um saguão ou corredor. Pense em usar um tapete oval ou redondo, com tonalidades de verde e de marrom, para cobrir parte da área, ou então em colocar um piso de cerâmica ou de madeira. Se trabalhar num escritório em que é proibido "dar um toque pessoal", estabeleça uma firme e clara intenção de estabilidade, e reforce-a todos os dias, mental e espiritualmente.

Em seguida, observe a rua que passa diante da porta da frente. Ela é sinuosa ou reta? Originalmente, as estradas se conformavam aos contornos naturais da terra; então, no período pré-cristão, os romanos introduziram as estradas retas, pois estas lhes permitiam a fácil movimentação de tropas e veículos. O sistema geométrico que vemos hoje nas grandes cidades é um descendente direto das linhas retas impostas pelos romanos, evidentemente por falta de compreensão do fato de que as estradas sinuosas contribuem para o bem-estar humano.

A melhor maneira de se contrapor ao fluxo acelerado do ch'i, resultado do apressado movimento do tráfego por ruas retas e planas, consiste em manter o ch'i *afastado da porta*. Vários tipos de sininhos e outras curas relacionadas no Capítulo 8 podem servir de eficazes salvaguardas.

Para detectar linhas de energia que estejam tanto acima e abaixo do solo, use os bastões de rabdomancia ou um pêndulo. No caso de energias mais grosseiras, como correntes diretas ou alternadas ao redor do prédio, invista num medidor de *gauss*[2]; é possível consegui-los [nos EUA] a um preço que vai dos 40 aos 200 dólares. O melhor detector é, no entanto, a sua intuição. Dê atenção à "voz" da terra, que pode ser tratada por meio da prática 8, e à reação do seu corpo a essa "voz"; o seu corpo fará você saber em que áreas há elementos fora de sintonia. Quanto melhor for a sua capacidade de ouvir e de sentir, tanto mais provavelmente você vai intuir soluções que promovam a harmonia e o equilíbrio.

A Terra Pela Qual Você é Responsável

Todos são responsáveis pela terra, mesmo quem mora em pensão. E por quê? Porque todas as edificações estão assentadas sobre uma base que é mantida e sustentada pela terra.

Para avaliar a terra pela qual você é responsável, você deve começar dirigindo a sua percepção para a terra do modo descrito na prática 1, da página 27. Pegue então um punhado de terra e "sinta-a". Pondo uma pequena quantidade da terra na ponta da língua, de acordo com as instruções do Capítulo 6, sinta a "doçura" do pó. (Assegure-se de que o solo com o qual você está entrando em contato seja isento de resíduos químicos, de subprodutos de petróleo, de pesticidas e de outras toxinas.) O que lhe dizem os sentidos sobre a saúde do solo? Se a terra pela qual você é responsável estiver totalmente recoberta por asfalto ou concreto, feche os olhos e *intua* o pó por baixo dessa capa. Lembre-se de que a intuição é um poderoso órgão dos sentidos.

Depois de sentir plenamente a terra, invoque os espíritos do seu pedaço de terra. Você saberá que eles estão respondendo por meio das imagens, dos odores ou das mensagens que receber; você também poderá sentir um formigamento nos braços ou pernas, ou arrepios na espinha. Quando sentir a presença dos espíritos, pergunte-lhes sobre o equilíbrio e a harmonia

---

[2] Ver Glossário (N. do T.)

PRÁTICA 8

Ouvir

Essa prática vai ajudá-lo a aprimorar não só a sua capacidade de ouvir como também todas as suas percepções dos sentidos. Quanto mais trabalhar com ela, com tanto mais rapidez você passará a uma maneira receptiva de ser, até que, num dado momento, essa maneira se instalará instantaneamente. (*Nota*: Embora as instruções a seguir sejam pertinentes à escuta a céu aberto, este exercício também pode ser feito no interior do imóvel para ajudá-lo a ter mais perspicácia na percepção de desequilíbrios interiores.)

- Sente-se calmamente do lado de fora. Feche os olhos e respire profundamente algumas vezes.

- Deixe o seu corpo relaxar, da ponta dos dedos dos pés ao topo da cabeça. Quando estiver plenamente relaxado, você terá mais condições de entrar em sintonia com os seus centros de comunicação interiores.

- Peça, a partir da mente e do coração, para falar com a terra. Assim que sentir que há uma linha aberta de comunicação com Gaia, faça duas ou três perguntas bem claras.

- Ouça as respostas de Gaia. Ouça profunda e pacientemente, como se falasse ao telefone com alguém de quem você gosta. Se em algum momento você se sentir inseguro ou incomodado, peça a proteção de seus guias ou guardiões, apesar do que, quando você está entrando em contato com a Fonte, você não tem ameaçada a sua segurança.

dessa parcela de chão e, usando o sentido da audição aprimorado por meio da prática 8, da página 138, ouça a resposta que eles lhe derem. Se não puder "ouvir" uma resposta imediatamente, tente outra vez mais tarde, porque, como essas percepções sutis não costumam ser reconhecidas nas culturas ocidentais, pode ser necessário algum tempo para você entrar em sintonia com elas. Para obter melhores resultados, deixe de lado todas as expectativas e trate-se a si mesmo de modo compreensivo e compassivo. Em resposta à sua paciência, honra e respeito, os espíritos da terra irão agraciá-lo com a sabedoria que detêm.

Além de obter informações sobre o bem-estar geral da terra que tem a seu cargo, você poderá verificar a presença de toxinas ambientais. Um gramado tratado com fertilizantes químicos pode causar inúmeros problemas; nesse caso, o melhor é substituí-los por uma das muitas marcas naturais que existem no mercado. Se você vive ou trabalha num condomínio fechado ou num apartamento, fale com a administração ou com a associação de moradores acerca da mudança para um produto menos tóxico, e peça a participação dos vizinhos — a união faz a força! Só essa solução já vai ter um profundo efeito no bem-estar do seu imóvel e no seu próprio bem-estar.

O Prédio em que Você Vive ou Trabalha

Percorrendo a sua casa ou escritório, vamos avaliar o seu nível de toxicidade. Como muitos materiais da construção e dos móveis contêm alguma toxicidade, o segredo está em reduzir ao mínimo o seu efeito cumulativo.

Porta da Frente/Entrada

O que está diante da sua porta? Idealmente, a "boca" de uma edificação, assim como a boca do corpo, assimila alimentos completos. Examinando a entrada, o que você vê? Se a porta da frente estiver próxima da rua, você poderá precisar de plantas para absorver o dióxido de carbono e outros poluentes emitidos pelo tráfego. Cuidados especiais na entrada da casa são essenciais para um ambiente de vida saudável e equilibrado.

Tendo isso em mente, você pode querer adquirir o hábito de tirar os sapatos à porta de entrada, de modo a não levar para dentro o chumbo e outras toxinas que podem ser transportados pelo vento e ingeridos. Se você entra no edifício passando por uma garagem anexa, assegure-se de deixar os sapatos *nessa* porta. Você pode até querer colocar um cesto com meias de lã grossas e uma cadeira para tirar os sapatos perto da porta da frente, assim como dizer aos amigos e parentes que tirar os sapatos é uma cortesia a você e ao seu ambiente. Embora essa prática possa requerer, no início, alguma educação, principalmente em áreas do país nas quais os pés ficam frios, seus visitantes logo ficarão à vontade com o ato de deixar na porta o "mundo exterior".

Sala de Estar/Recepção

Você usa carpetes que cobrem toda a superfície do assoalho entre as paredes? Se tem, há uma boa chance de que eles estejam emitindo COVs. Nesse caso, você pode querer revestir tanto os carpetes como a sua base. (Para saber de empresas [americanas] que vendem produtos para revestimento, veja os recursos apresentados nas páginas 159-60.) Os carpetes também apanham uma poeira composta por ácaros, pêlos, cabelos, pólen e esporos de fungos, bem como fezes e pedaços de insetos. Para acabar com esses poluentes, compre um bom aspirador de pó e use-o com freqüência. A melhor solução para problemas com carpetes é usar assoalhos de madeira regularmente aspirados e neles colocar tapetes que cubram apenas parte das áreas, pois eles podem ser sacudidos.

Os ductos dos sistemas de aquecimento e dos condicionadores de ar também devem ser limpos com regularidade. Consulte as páginas amarelas de sua região para ver empresas que oferecem esse serviço.

A sala de estar ou a recepção se configuram igualmente como um repositório de energia eletromagnética que emanam de eletrodomésticos como aquecedores elétricos, aparelhos de som e de CD, televisores, computadores e telefones com secretária eletrônica. (Os refrigeradores, as torradeiras, os fornos elétricos e os fornos de microondas podem ser igualmente problemáticos.) A energia eletromagnética dissemina íons de carga positiva e radiações que, com o tempo, podem interferir na comunicação intracelular, afetando os órgãos da reprodução, a glândula pineal, os ritmos naturais do corpo, a resistência ao câncer e os padrões de comportamento.

Fios que percorrem as paredes da sala de estar ou do saguão são "quentes", a não ser que você desligue as chaves no painel. Em vez de tomar uma medida drástica como essa, você pode reduzir a probabilidade de exposição excessiva a íons positivos sentando-se a pelo menos 1,8 m de distância da tela da televisão; a essa distância, a emissão de campos diminui significativamente. Do mesmo modo, sente-se o mais distante que puder do terminal de vídeo do seu computador, que emite FEBs (freqüências extremamente baixas) carregadas de íons positivos. Os geradores de íons negativos podem ajudar a neutralizar essa energia, ainda que uma solução mais simples seja colocar no cômodo uma fonte de água em movimento, que difunde naturalmente íons negativos.

Cozinha

Uma cozinha pode ser um campo de batalha entre substâncias químicas. Olhe, por exemplo, debaixo da pia. Que produtos de limpeza "se escondem" ali? Noventa e nove por cento dos americanos mantêm uma brigada de produtos de limpeza tóxicos debaixo da pia da cozinha. Ironicamente, muitas famílias tomam o cuidado de armazenar esses produtos fora do alcance das crianças pequenas, raramente parando para pensar que os vapores também devem ser mantidos fora do alcance dos adultos!

Uma boa idéia é substituir os produtos de limpeza tóxicos por alternativas como o limpador BonAmi, o bicarbonato de sódio e o bórax. O vinagre de vinho branco e o óleo de folha de chá servem a uma variedade de propósitos, que vão da limpeza de janelas e da eliminação dos resíduos dos sabões ao combate aos fungos e à ajuda na conservação das cores das roupas. Também é possível comprar sabões de máquinas de lavar louça isentos de álcool isopropílico, bem como desentupidores de pia que trabalham antes a partir da ação enzimática do que de compostos do potássio. Além disso, substitua as panelas e utensílios de alumínio pelos de aço inoxidável. Importantes pesquisas vincularam vestígios de alumínio no cérebro com a doença de Alzheimer.

Quartos

A maioria das pessoas passa um terço da vida no quarto — o que constitui mais uma razão para garantir que esses santuários do relaxamento e do sono permaneçam o mais descontaminados que se puder. Se usar relógios ou rádio-relógios elétricos, afaste-os da cabeceira da cama, ou, o que é ainda melhor, ponha em seu lugar um aparelho movido a pilhas. Use roupas de cama de fibra natural, lave roupas recém-compradas várias vezes para remover o formaldeído e passe o aspirador no colchão ao menos uma vez por mês. Passe o aspirador debaixo da cama mais freqüentemente para eliminar depósitos de poeira que causam problemas respiratórios ou reações alérgicas que impedem o sono profundo. Se usar uma área do quarto como depósito, reduza o que você guarda ali e mantenha-a sempre limpa. Aqui, a palavra-chave é *des-obstruir*!

Uma das minhas clientes era tão alérgica à presença de correntes eletromagnéticas no seu quarto, que não conseguia dormir. Além de insônia, ela sentia nervosismo e tontura. Para resolver o problema, decidimos colocar um disjuntor na linha de energia da entrada do quarto para que ela pudesse desligá-la antes de dormir. Essa solução funcionou tão bem que ela, logo que passou a usar o disjuntor, começou a dormir profunda e tranqüilamente pela primeira vez em muitos anos.

Se tiver problemas para dormir, antes de ir a esses extremos considere a possibilidade de simplesmente usar um medidor de intensidade magnética para avaliar os campos magnéticos de FEBs no interior e ao redor do seu quarto. Endereços onde você pode conseguir esses artefatos, bem como outros que difundem, reduzem ou neutralizam a energia eletromagnética, podem ser encontrados nos recursos apresentados nas páginas 159-60.

Banheiro

Se a cozinha virou um campo de batalha entre substâncias químicas, o banheiro pode ser um pequeno arsenal de limpadores tóxicos, razão por que é bom verificar o que você guarda debaixo do gabinete da pia. Substitua os produtos que contêm substâncias tóxicas por naturais — e tenha certeza de que o uso de limpadores naturais não causa distensão dos músculos do cotovelo! O limpador alternativo do vaso sanitário da Seventh Generation funciona muito bem, e a AFM oferece uma completa linha de produtos.

Depósito

Usando o seu olho clínico, remova todos os produtos tóxicos dessa área; substitua-os por alternativas mais seguras. Fazendo essa devassa, você estará simultaneamente reduzindo o risco de exposição à contaminação e dando apoio às empresas comprometidas com um lar e um planeta menos perigosos. Limpe regularmente o filtro da secadora, para evitar que as partículas de tecido penetrem no ar que você respira. Para reduzir ao mínimo a probabilidade de inalar agentes que causem irritação levados pelo ar, afaste os eletrodomésticos do lugar em que costumam ficar a cada dois meses, limpando o pó e a sujeira que se acumulam debaixo deles.

Garagem

Se a sua garagem está anexada ao imóvel, comece a estacionar o carro com o tubo de descarga voltado para o lado contrário ao da casa. Do mesmo modo, retire da garagem o máximo de produtos químicos voláteis armazenados ali. Os que você decidir conservar deverão ser armazenados de maneira apropriada. Procure materiais inflamáveis, como pedaços de pano, papel e gasolina, mantendo-os também apropriadamente guardados. Para se livrar de recipientes cheios de produtos químicos tóxicos, leve-os à instalação de recolhimento mais próxima. A maioria das comunidades dispõe de locais para o recolhimento de resíduos tóxicos nas proximidades dos aterros sanitários ou integrados a eles.

Quintal

Transforme o seu quintal de repositório de fertilizantes e outros produtos que têm substâncias químicas em sua composição num jardim e área de lazer com baixo custo de manutenção. Procure num viveiro local espécies de plantas nativas em perigo de extinção. O cultivo dessas variedades no seu quintal vai acabar com a necessidade de fertilizantes, reduzir o uso de água e prestar um grande serviço à terra. Se for hora de reformar os brinquedos das crianças que ficam na parte externa da casa, procure tintas e vernizes não-tóxicos. Balanços, escorregadores e caixas de areia feitas de madeira tratada com arsênico podem ser substituídas por equipamentos feitos com madeiras resistentes ao apodrecimento e à umidade, como o cedro ou o pinho do Alasca, ou por equipamentos de metal.

CAPÍTULO DEZ

Gaiamancia para a Área Circundante [Quintal] e o Jardim

Sua casa é a ampliação do seu corpo. Ela cresce ao sol e dorme sob a imobilidade da noite, e não é sem sonhos.
— KAHLIL GIBRAN, "O Profeta"

A área da frente da sua casa e o jardim constituem os "cômodos exteriores" do ambiente no qual você vive e trabalha. Nessa condição, eles influenciam o fluxo de energia que passa pelo imóvel. Não deixando de criar um ambiente bonito, você pode organizar essa área e o jardim de modo a corrigir problemas exteriores, ou, se o problema não for evidente, simplesmente honrar as energias características das várias áreas. Além de aplicar soluções tradicionais abordadas aqui e em capítulos anteriores, assegure-se de levar em consideração o gosto pessoal, a geografia e a cultura, quando criar o seu próprio ciclo de harmonia no seu terreno, lote, terraço ou sacada.

Para avaliar a topografia da área da frente e do jardim, remeteremos à figura 10-1, que mostra uma planta de jardim na posição noroeste com a sobreposição de uma roda de cura americana nativa que se alinha, no sul, com a entrada da casa. Se preferir usar o ba-guá ou a roda celta como revestimento ou alinhar a planta de sua área com o norte e o sul reais, esteja

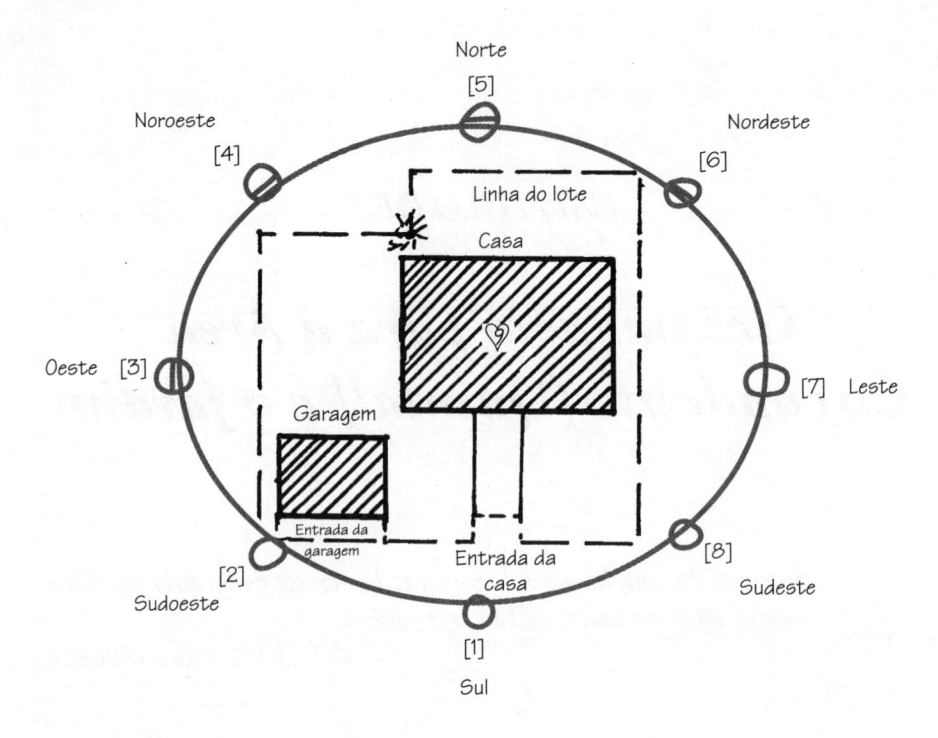

Figura 10-1 — Planta de área circundante com revestimento da roda de cura

à vontade. Em qualquer dos casos, comece a sua avaliação ouvindo interiormente a força vital da terra. Chegue então a soluções para áreas problemáticas, agindo em parceria com os espíritos da terra e com outros moradores do local.

A casa com garagem da figura 10-1 é extremamente linear. Para amenizar a paisagem, sugeri a instalação de um caminho curvo, de canteiros redondos e de áreas plantadas em forma de domo. Equilibrar as forças lineares dessa maneira evocou uma sensação instantânea de sinergia e de amizade.

[1] Sul: verão, fogo

Área radiante de iluminação, o sul costuma ser ideal para o plantio de árvores frutíferas ou mesmo de um jardim de ervas culinárias para celebrar a plenitude da vida. Seja criativo no sul, pois a criatividade é a alma da fertilidade. De igual forma, não deixe de podar, aparar e extrair todo excesso de vegetação que obstrua o caminho para a casa e outros fluxos de energia que se aproximem da entrada.

Como a entrada da casa era desprovida de vegetação, propus a instalação de uma treliça com variedades trepadeiras de glicínia e de madressilva para transmitir um sentido de privacidade. Definir uma fronteira entre as áreas pública e privada dá o tom da transição de uma arena social para a pessoal — importante tarefa preparatória para todo aquele que se encontra no caminho do guerreiro.

[2] Sudoeste: equinócio de outono (21 de setembro)

Aqui, a roda passa à arena do desenvolvimento pessoal e das aspirações. Celebre a sua evolução nessa área pintando símbolos nas estacas ou no muro do jardim. Como as tintas e outros acabamentos para exteriores podem invadir a água do solo e afetar plantas e animais, tenha o cuidado de escolher marcas com o menor índice de toxicidade.

Com a garagem no sudoeste, essa área pedia plantas ao longo de ambos os lados dela, assim como dos lados da entrada da garagem. Recomendei plantas de pouco crescimento que permitissem o acesso à casa.

[3] Oeste: outono, água

Nesse lugar das emoções, considere a possibilidade de colocar um laguinho, uma banheira para os pássaros ou uma fonte. Do mesmo modo, preste aí um tributo especial aos povos animais que são parte de sua família ou comunidade. Os povos animais nativos da parte oeste são a baleia, o golfinho, a tartaruga e o urso.

Como essa casa fica no Hemisfério Norte, no qual o sol da tarde é intenso, recomendei que se plantasse na área uma vegetação que florescesse exposta à luz. Também defendi o uso de plantas que perdem a folhagem no fim da estação de crescimento, para oferecer proteção da luz do sol e permitir um influxo de luz no inverno.

[4] Noroeste: solstício de inverno (21 de dezembro)

Esse é o lugar para passar à imobilidade e à atitude de escuta. Para promover a introspecção nesse pedaço de terra, considere a possibilidade de colocar aí um banco, uma rede ou um assento de pedra.

Você percebeu o vazio nessa área da figura 10-1? Para convidar o pedaço perdido de terra a retornar ao círculo, sugeri o acréscimo de plantas ou estátuas. Além disso, aconselhei os moradores a realizar uma cerimônia de boas-vindas: de pé na parte noroeste, abrir bem os braços e, com a ajuda de seus guias e dos espíritos da terra, chamar a parte perdida para que volte para casa e torne a energia íntegra.

Se o vazio se repetisse no interior da casa, corrigi-lo teria exigido uma intenção bastante forte. Com uma área de introspecção e de escuridão nutridora tão cronicamente desequilibrada, os moradores teriam tido de se empenhar conscientemente para incorporar essas forças à sua vida. Abandonado a si mesmo, esse vazio pode levar à depressão, à doença ou a sérios problemas familiares.

Se a parte frontal do seu imóvel tem um vazio nessa área, uma solução seria plantar uma árvore ou um arbusto resistente no canto interior desse vazio. Você também pode colocar aí uma estátua de Quan Yin, a fim de atrair para o local um cuidado cálido e feminino. Ou, recorrendo à tradição americana nativa, você poderia instalar aí uma sólida rocha de cor vermelha profunda, cinza escura ou preta. Quando se aproximar de uma pedra assim, pergunte se ela gostaria de ocupar esse espaço; a resposta a isso será um sim ou um não. Uma quarta solução seria completar o vazio com um bastão de oração pintado de branco (que representa o norte) e preto (representação do oeste). Nesses casos, é uma boa idéia instalar um mastro, de modo que o seu maior comprimento se eleve majestoso acima do solo.

[5] Norte: inverno, terra

O norte é ideal para as sempre-vivas. Se você vive no sudoeste, considere a possibilidade de plantar piñons do deserto e zimbros, que proporcionam a energia do verde durante todo o ano e se saem bem com graus variados de luz solar. Como é o lugar dos anciãos, o norte também se presta à colocação de pedras que representem os ancestrais. A sabedoria antiga de todo o planeta pode ser instalada aí, definindo uma área para se sentar que serve de retiro e de santuário.

Para a área frontal analisada, sugeri abetos, a fim de cuidar da energia do norte com força e doçura. Como os abetos também proporcionam abrigo e alimento aos pássaros e esquilos, os moradores acolheram a sugestão como um "ato de boa vizinhança" com relação a seus amigos animais.

[6] Nordeste: equinócio de primavera (21 de março)
Este lugar, que une a estase ao movimento na plenitude do crescimento, pede uma celebração da libertação do jugo do inverno na forma de árvores carregando-se de botões, de animais despertando da hibernação, do coaxar dos sapos e da volta dos pássaros. Os comedouros para aves são desejáveis aqui, tal como o são os bulbos — narcisos silvestres, tulipas, açafrões ou lírios do vale — ou, se você vive num clima de deserto, plantas resistentes ao calor, margaridas roxas ou círios.

Para essa parte da área da figura 10-1, recomendei um pavilhão feito de plantas florescentes que vicejam em locais frios e de sombra. As trepadeiras que dão flores são ideais para essa área do despertar.

[7] Leste: primavera, ar
O leste simboliza a lua crescente passando ao plenilúnio, bem como o anseio por atividade. Em climas quentes, trata-se do lugar do plantio, perfeito para as bagas, bem como para plantas de rápido florescimento, para arbustos e para árvores. Em climas mais frios, o leste é excelente para jardins esculpidos. Ambas as opções paisagísticas podem proporcionar inspiração no caminho do visionário.

Esse terreno deixa pouco espaço para um aprimoramento no leste, dado que a casa fica bem perto do limite do lote. Recomendei plantas aéreas, como os arbustos que perdem a folhagem no final da estação de crescimento para definir a fronteira.

[8] Sudeste: solstício de verão (21 de junho)

Eis um excelente lugar para um jardim de borboletas composto de flores e plantas de colorido vivo. As plantas anuais e perenes, explodindo de energia, ajudam a celebrar a natureza transicional do solstício de verão, quando o sol está no seu ponto mais alto. Se você gosta de dançar para a lua cheia, não se esqueça de reservar espaço no sudeste para dançar para o "sol cheio", a vida selvagem e os longos dias da estação. Esse é também o lugar para um relógio de sol.

A fim de separar a área da frente da rua nesse lote, sugeri uma sebe sustentadora da vida selvagem composta por bagas comestíveis. Além disso, recomendei que se fizesse um monte de composto orgânico no canto, afastado da porta da frente e com fácil acesso ao resto do jardim. O composto gera riqueza a partir de resíduos, representando o processo pelo qual se passa à época da colheita e da abundância na roda de cura.

[9] Centro: coração

O centro ou coração de um terreno é honrado mais apropriadamente por meio da estabilidade. Se o coração do seu terreno ficar no meio de canteiros de flores ou de uma fileira de arbustos, a terra agradecerá. Se em vez disso a sua casa ou escritório contém parte da energia do coração, reconheça-a com a doçura das rosas, silvestres ou não, ou de qualquer planta florescente que lhe pareça correta.

Nesse terreno, o coração está contido no caminho para a casa e na casa. Mas esse caminho permite um trânsito excessivo de energia e precisa ser assentado. Para assentar aí o fluxo de energia, recomendei que se encurvasse a calçada e se colocassem plantas fortes e robustas, bem como pedras, nos lados e na frente da casa.

Na área circundante ou jardim, assim como na casa, o centro tem especial significação. Ele marca o lugar em que todos os empreendimentos, todos os desejos e todo o impulso completam o círculo a fim de percorrer o caminho do espírito.

Apêndice A

Guia de Pronúncia

Termos Chineses

Bagua	Ba-guá
Ch'i	Tchi
I Ching	I-xing
Lo pan	Lô pán
Lung mei	Lungui-mai
Tao	Táu
Ying lung	Yin-lun

Termos Celtas

Ailim	a-lím
Beach	biach
Beith	bit
Beltaine	báltin
Bradan	bráitan
Brän	bráun
Brighid	brigid ou brit
Cernunnos	kernúnos
Cerridwen	kerrídven
Coll	koll

Dagda	dôida
Dobhran	dôrran
Duir	dur
Each	ech
Eilid	ild
Faland	falán
Falias	falás
Fearn	farn
Finias	finás
Gearr	guíar
Gorias	gárus
Imbolc	imbúlk
Lug	lu
Lugnasadh	lunasá
Luis	lúis
Murias	miurias
Ogham	ôvan
Quert	kuert
Rön	rôan
Ruis	rus
Saille	sául
Samhain	saváim
Sidhe	xi
Taliesen	taleésin
Tuatha Dé Danann	Tuta dei donán
Tuigen	tugín

Apêndice B

Glossário

❧

Ali'i. Realeza das ilhas havaianas.

Ba-guá. Oráculo divinatório do I Ching, inspirado no casco da tartaruga.

Caldeirão. Panela de ferro fundido usada para o cozimento e a adivinhação pelos antigos celtas.

Campo eletromagnético. Área marcada pela presença de correntes elétricas que fluem acima ou abaixo da superfície da terra, ou no interior de uma edificação.

Ch'i. Palavra chinesa que significa hálito cósmico ou fluxo vital universal.

Corpo etérico. Uma camada de energia que se sobrepõe ao corpo físico de todos os seres animados e inanimados e o impregna; na medicina chinesa, faz-se referência às suas correntes por meio da designação ch'i.

Doença ambiental (DA). Diagnóstico contemporâneo de uma variedade de sintomas advindos da exposição contínua à toxicidade; também conhecida como *sensibilidades químicas múltiplas*.

Falias. A cidade mais ao norte dos tuatha dé danann; cidade agraciada com uma pedra.

FEBs (freqüências extremamente baixas). Uma medida da radiação eletromagnética emitida por eletrodomésticos que produzem um campo magnético prejudicial à saúde física, mental e emocional.

Feng shui. A arte chinesa da disposição das coisas.

Fey. Vocábulo escocês para "ser naturalmente sintonizado"; atualmente é usado como termo de gíria para designar estranho ou esquisito.

Finias. A cidade mais ao sul dentre as quatro cidades dos tuatha dé danann; cidade agraciada com uma espada.

Gaia. Deusa da terra que, nascida de Caos, deu à luz, sem parceiro sexual, o céu, as montanhas e o mar; o corpo vivo e pulsante do planeta Terra.

Gaiamancia. Uma compilação de práticas geomânticas espirituais e xamânicas de várias partes do mundo, cujo objetivo é aprimorar a saúde e o bem-estar humanos e ambientais.

Gauss. Unidade de medição da intensidade de campos eletromagnéticos da ordem de 60Hz FEBs, incluindo medidas de níveis acima e abaixo do máximo recomendado de exposição a FEBs, de 2.0 milligaus.

Geomancia. Adivinhação por meio de introvisões de cunho geográfico.

Gorias. A cidade mais ao leste dentre as quatro cidades dos tuatha dé danann; cidade agraciada com uma lança.

Intenção. Força do espírito humano no sentido de dirigir o foco da energia e de projetá-la.

Konji. Caracteres da escrita [ideográfica] chinesa, japonesa e coreana.

Labirinto. Uma forma quadrada ou espiral, muitas vezes inscrita na terra, que representa uma "jornada" espiritual rumo à fonte divina.

Linhas meridianas. Caminhos naturais de passagem da energia acima e abaixo da superfície da terra, muitos deles adulterados em épocas antigas; as parcelas remanescentes foram identificadas como locais sagrados.

Lo pan. Bússola circular chinesa de geomanta usada para avaliar a posição correta para erigir edificações comuns, templos e cemitérios.

Lung mei. "Linhas do dragão", ou correntes de energia que passam por sob a superfície da terra e acima dela.

Mudança de forma. O hábito de assumir formas animadas e inanimadas por meio da magia.

Murias. A cidade mais ao oeste dos tuatha dé danann; cidade agraciada com um caldeirão.

Ogham. Sistema binário de linhas que formam o antigo alfabeto celta.

Qi Gong. Prática chinesa que ensina disciplina, concentração e ligação com o ch'i.

Quan Yin. Deusa chinesa da compaixão infinita.

Rabdomancia. Método de adivinhação que usava originalmente uma forquilha natural de madeira, servindo muitas vezes para encontrar água ou minerais.

Ramo de Prata. Um ramo, em geral de amieiro, descrito no folclore celta como investido de poderes e privilégios especiais de outros mundos, e presenteado geralmente a magos e xamãs.

Roda de cura. Símbolo sagrado da roda universal da vida "percorrida" por muitos povos da Primeira Nação.

Tai Chi. Sistema chinês de movimentos lentos destinado a ensinar disciplina, concentração e ligação com o ch'i.

Tao. Princípio diretor de toda a realidade tal como foi concebido por Lao-Tzu no século VI A.E.C.

Totem. Um ser, geralmente um espírito animal, que serve de benfeitor a uma pessoa, a uma família ou a uma tribo.

Tuatha dé danann. Raça antiga que habitava as Ilhas Britânicas; filhos da deusa Dana.

Vastu shastra. Feng shui védico surgido na Índia.

Recursos

Sugestões de Leitura

Práticas Chinesas
Collins, Terah Kathryn, *The Western Guide to Feng Shui*, Carlsbad, Califórnia, Hay House, 1996.
Palmer, Martin, e Jay Ramsay, *I Ching: The Shamanic Oracle of Change*, trad. de Zhao Xiaomin, São Francisco, Thorsons, 1995.
Rossbach, Sarah, *Interior Design with Feng Shui*, Londres, Inglaterra, Penguin Books, 1987.
Waltera, Derek, *Feng Shui: The Chinese Art of Designing a Harmonious Environment*, Nova York, Simon & Schuster, 1988.

Práticas Americanas Nativas
Arrien, Angeles, Ph.D., *The Fourfold Way*, São Francisco, Harper, 1993.
Bruchac, Joseph, e Jonathan London, *Thirteen Moons on a Turtle's Back*, Ilust. por Thomas Locker, Nova York, Harper Collins, 1995.
Mails, Thomas E., *Fools Crow*, Tulsa, OK, Council Oak Books, 1991.
———. *Fools Crow, Wisdom and Power*, Tulsa, OK, Council Oak Books, 1991.
Wabun, Sun Bear [Urso do Sol] e Chrysalis Mulligan, *Dancing with the Wheel*, Nova York, Simon & Schuster, 1992.

Práticas Celtas

Conway, D. J., *By Oak, Ash & Thorn*, St. Paul, Mineápolis, Llewellyn Publications, 1996.

Matthews, Caitlin, *Singing the Soul Back Home*, Rockport, Massachusetts, Element Books, 1995.

Matthews, John, *The Celtic Shaman*, Rockport, Massachusetts, Element Books, 1991.

Thorsson, Edred, *The Book of Ogham*, St. Paul, Mineápolis, Llewellyn Publications, 1992.

Outros Caminhos

Eliade, Mircea, *Shamanism: Archaic Techniques of Ecstasy*, Princeton, Nova Jérsei, Princeton University Press, 1972.

Harner, Michael, *The Way of the Shaman*, São Francisco, Harper, 1980. [O Caminho do Xamã, publicado pela Editora Cultrix, São Paulo, 1989].

Ingerman, Sandra, *Soul Retrieval: Mending the Fragmented Self*, São Francisco, Harper, 1991.

Lee, Pali Jae e Koko Willis, *Tales from the Night Rainbow*, Molokai, Havaí, Night Rainbow Publishing, 1990.

Linn, Denise, *Sacred Space*, Nova York, Ballantine Books, 1995.

Livros, Catálogos e Boletins Ambientais

Baker, Paula, Erica Elliot e John Banta, MD., *Prescriptions for a Healthy House*, Santa Fé, Novo México, Inword Press, 1996.

Bower, Lynn Marie, *The Healthy Household*, Bloomington, Indiana, The Healthy House Institute, 1996.

Building Concerns Newsletter. Para arquitetos, projetistas, empreiteiros e proprietários de imóveis. Entre em contato com Victoria Schomer, 1-415-389-8049.

Dadd, Deborah Lynn, *Nontoxic, Natural and Earthwise*, Nova York, St. Martin's Press, 1990.

The Gaiamancy Catalog. Entrar em contato com White Doe Productions, 1-888-224-8652.

Interior Alignment Catalog. Entrar em contato com Denise Linn Seminars, 1-206-528-2465.

Olkowski, William, Sheila Daar, e Helga Olkowski, *Common Sense Pest Control*, Newton, Connecticut, Taunton Press, 1991.

Pearson, David, *Natural House Book*, Nova York, Simon & Schuster, 1989.

Pearson, David, *Natural House Catalog*, Nova York, Simon & Schuster, 1996.

Schomer, Victoria, *Interior Concerns Resources Guide*. Para arquitetos, projetistas, empreiteiros e proprietários de imóveis. Entre em contato com Victoria Schomer, 1-415-389-8049.

Seventh Generation Catalog. Entrar em contato com 1-800-456-1911.

Stein, Dan, *The Least Toxic Home Pest Control*, Eugene, Oregon, Hulogosi Communications, 1991.

Venolia, Carol, *Healing Environments*, Berkeley, Califórnia, Celestial Arts, 1988.

Fornecedores

American Formulating and Manufacturing (AFM)
350 West Ash Street, Suite 700
San Diego, CA 92101 — USA
Fone: 1-619-239-0321

The Feng Shui Warehouse
P.O. Box 6689
San Diego, CA 92106 — USA
Fone: 1-800-399-1599

Escolas, Seminários e Institutos de Treinamento

Western School of Feng Shui
Programa de treinamento de praticantes
437 S. Hwy, 101, Suite 752
Solana Beach, CA 92075 — USA
Fone: 1-619-793-0945

Denise Linn Seminars
Interior Alignment
Curso Profissionalizante
Assessoria na busca da visão, treinamento, seminários e consultas
P.O. Box 75657
Seattle, WA 98125-0657 — USA
Fone: 1-206-528-2465
Fax: 1-206-528-2469

The EarthSong Center
Treinamento de praticantes da Gaiamancia
Aulas, seminários, palestras, curso por correspondência
Feng shui, roda de cura, roda celta, práticas xamânicas
Maureen L. Belle, Director
P.O. Box AB
Greenbank, WA 98253 — USA
Fone: 1-888-224-8652
Fax: 1-360-678-3951

Sacred Circles Institute
Walking the Sacred Wheel
Treinamento de professores
Jornada de iniciação de um ano ao redor da roda antiga
Mattie Davis-Wolfe, RN, MA, e David Thomson, Ph.D., Directors
P.O. Box 733
Mulkiteo, WA 98275 — USA
Fone: 1-425-353-8815